一座等了你三千年的城

历史名人篇

王兴　李晓玲　编著

丁伟　主编

河北出版传媒集团
河北教育出版社

图书在版编目（CIP）数据

一座等了你三千年的城．历史名人篇 / 丁伟主编；王兴，李晓玲编著．-- 石家庄：河北教育出版社，2020.9（2023.6 重印）
ISBN 978-7-5545-5837-9

Ⅰ.①一⋯ Ⅱ.①丁⋯ ②王⋯ ③李⋯ Ⅲ.①文化名城 – 介绍 – 邯郸②历史人物 – 列传 – 邯郸Ⅳ.
① K922.23 ② K820.822.3

中国版本图书馆 CIP 数据核字（2020）第 099946 号

书　　名	一座等了你三千年的城——历史名人篇
主　　编	丁　伟
编　　著	王　兴　李晓玲

出 版 人	董素山
策　　划	刘相美
责任编辑	任晓霞　贾鑫薇
装帧设计	李关栋
出版发行	河北出版传媒集团
	河北教育出版社 http://www.hbep.com
	（石家庄市联盟路 705 号，050061）
印　　制	河北新华第一印刷有限责任公司
开　　本	880mm×1230 mm　1/32
印　　张	6
字　　数	100 千字
版　　次	2020 年 9 月第 1 版
印　　次	2023 年 6 月第 2 次印刷
书　　号	ISBN 978-7-5545-5837-9
定　　价	36.00 元

版权所有，翻印必究

一座等了你三千年的城（代序）

王维中

这是一片长满了故事的土地，这是一座等了你三千年的城。

太行山劲烈的风，华北平原酣畅的雨，烈酒浇透的汉子和踮着脚尖飞旋的舞娘是故事里幻化不完的背景。

赵瑟鸣时，英雄去也；云烟深处，城阙杳然。

那是少年秦始皇乘车别去时最后回眸的朱家巷，那是貉裘胡服的武灵王登高北望的古丛台，那是蔺相如回车的城内中街，那是李牧祭旗出征的赵王城阙。照眉池边，落红似雨；插箭岭上，晓月如霜。

风，在暮鼓晨钟里吹散了英雄的背影，却在断纸余墨里惊起满天星华。

这里是荀子故里。毛公也在此注传《诗经》。公孙龙客相府论"白马非马"，卓文君徙川蜀作《白头吟》。太白登楼而题句，乐天潜夜而思家。漳河照晚，文姬弹笳抱愤；铜雀春深，孟德横槊赋诗。对酒当歌，人生几何？让多少后人在慷慨悲歌里梦回建安。

梦回时耿耿不忘的，还有西汉"富冠海内"的都市繁华，还有被洪水深埋于地下的北宋陪都——东方的庞贝古城，以及卢生在城角旅店里的一枕黄粱。

故事是岁月的刻度。这城，一锹下去，就可能挖出一段淹没千年的故事，或温润，或悲凉。

风过,雨过,把故事抟成字,在烈日下晒成一片片成语,随着滏阳河流向远方,流进千年后你的血液,化作你唇间的壮烈和笔底的闲愁。

往事越千年。悠悠古城,也曾潜光埋剑,也曾猿鹤虫沙……

直到女娲炼石补天的莽莽太行进驻了129师的九千将士,直到开国领袖毛泽东亲临视察,指引了复兴之路,才使这蔓草荒烟的古城浴火重生。

斗转星移间,一个现代化的钢都、中国国家园林城市、全国文明城市横空出世,完成了三千年后的华丽转身,再造了一个活力四射的现代都市。

历史轮回,重现的不只是繁华。比繁华更珍贵的是文脉相承的自信,比自信更珍贵的是阅尽兴衰的从容,比从容更珍贵的是周公吐哺的襟怀。呦呦鹿鸣,食野之苹。我有嘉宾,鼓瑟吹笙。

文化是精神的血脉。所有华夏子孙到此都是追本溯源。别说学步,只是甄心,抚摸灵魂深处的那个你。

蒹葭苍苍,彼黍离离。三千年,不过一壶老酒的距离。你若来,很近;不来,很长。

为了等你,她三千年名字不改。沧海桑田,她是怕你找不到回家的路,是为了你回来还能轻唤她的名字:邯郸。

写在前面的话

在中国浩瀚的历史星空,闪烁着无数颗耀眼的星星。尤其是古燕赵大地,当我们听到这些耳熟能详的名字——赵简子、赵武灵王、蔺相如、廉颇、荀子、秦始皇、袁绍、曹操、慧可、兰陵王……仿佛听到了来自星空的风起云涌,听到了邯郸大地的恢宏脉动。

这一页页风云人物,在辉煌、繁荣的现代生活中,依稀可辨,未曾走远。他们的智慧和谋略,他们的生命和价值,终究隐遁于我们的精神世界,成为宜居邯郸、魅力邯郸、富强邯郸的文化坚守。

本书人物,是编者精心甄选,代表了邯郸历史主流的十六组。阅读他们,仰望星空,你们看到的是一座等了你三千年的城——一见倾城,再见倾君。

目录

赵简子 001
赵武灵王 015
蔺相如 025
廉颇 039
荀子 051
秦始皇 065
袁绍 077
曹操 089
建安七子 097
慧可 115
高欢 127
兰陵王 135
窦建德 143
狄仁杰 153
李沆 163
张国彦 173

赵简子

春秋 古赵邯郸的开山鼻祖

拓疆建赵 筚路蓝缕

赵简子像

1987年7月，在太原市南郊的金胜村附近，村民意外地发现了一座古墓。文物部门闻讯后，立即组织人员进行抢救性发掘，随着一件件珍贵文物的出土，考古专家发现，这座墓规格之高，规模之大，堪称东周晋国墓葬之最。经过推测，这座墓的主人，就是担任晋国执政卿达二十二年、叱咤疆场、雄霸诸侯的赵简子。

赵简子（？—公元前475年），名鞅，又名志父，春秋时晋国的正卿，赵氏孤儿赵武之孙。赵简子出生于世代为晋卿的奴隶主贵族家庭。少年时代，适值赵氏再度兴盛之际，约三十岁时他继承了父亲赵成的爵位，为晋国正卿。他革鼎立新，号令诸侯，使赵氏家族异峰突起，为以后赵国的建立奠定了基础。

简子铸鼎

公元前520年，周景王死后，王子朝率领着亲信及其党羽起兵争夺王位。即位不久的周敬王抵挡不住王子朝的进攻，逃离京城成周（东周都城，今河南洛阳），长期流落在外。为扶助周室，晋顷公便派赵简子出面召集诸侯，平定叛乱。在赵鞅的指挥下，援军迅速地平息了王子朝之乱，护送周敬王回到了京都，初出茅庐的赵简子便令诸侯刮目相看。

随着周王室的衰落，需要用一种新型的社会规范来约束人们的行为。公元前550年，晋国正卿范宣子制定了一部刑书，称为《范宣子刑书》，它废除了西周以来"礼不下庶人，刑不上大夫"的特权，实行法律面前人人平等。这部刑书为当时世人所难以接受，最初被藏在秘府之中。此时六卿势均力敌，已难以相安，为行之有法，公元前513年，赵简子、荀寅率领晋军在汝水之滨筑城时，从国内征收了四百八十斤铁，铸造了一尊精美的铁鼎，把范宣子的刑法铸刻在上面，公布于世。鼎是国家权力的象征，具有至高无上的权威，这一举动顿时轰动了列国。刑鼎的公布使晋国抢先步入了封建改革的前列。

接着，赵简子在赵氏所属的领地内，实行了一系列的经济改革措施。他废除了"百步为亩"的井田制，实行封建的田亩制和租税制。《孙子兵法》的作者孙武评价说："六卿当中，范氏、中行氏的亩制最小，以一百六十步为一亩，因此民众少而且穷困，因此他们先亡。智氏以一百八十步为一亩，韩氏和魏氏以二百步为一亩，所以他们的情况比范氏、中行氏好一些。只有赵氏以二百四十步为一亩，却仍然收取原来的税，民众富庶，所以晋国将归于赵氏。"孙武从土地制度上，道出了六卿兴衰的根源。

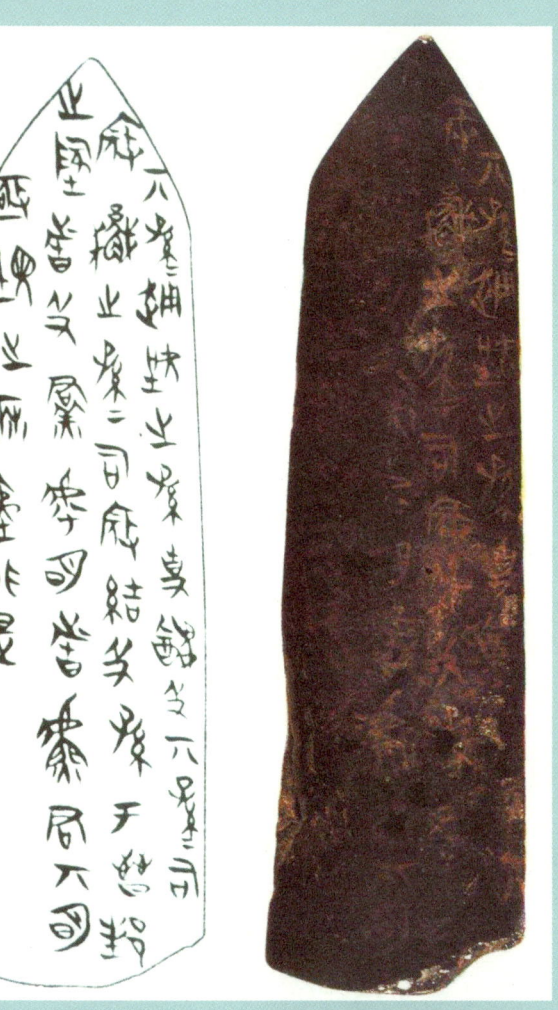

侯马盟书

逼近邯郸

赵简子铸鼎的第二年,晋顷公去世,由晋定公继位。

公元前 504 年,升为晋国正卿的赵简子派遣成何、涉伦去卫国与卫灵公会盟。二人自恃是大国的使臣,根本不把卫灵公放在眼里,其无理行为令卫灵公忍无可忍,当场宣布断绝与晋国的关系,然后拂袖而去。

赵简子觉得自己的使臣失礼,忙派人前去道歉,并要求重新结盟。卫灵公正在气头上,便断然拒绝,为了发泄心头的不满,又率兵攻打晋国的邯郸城,攻陷了邯郸城的寒氏(今河北武安市午汲镇)后,驻兵把守,准备略做歇息,再向邯郸城进攻。邯郸城的士兵听说卫军有国君挂帅,而且来势凶猛,便趁着夜色逃去大半,使卫军不费吹灰之力便抢占了邯郸城。

赵简子听说邯郸失守,便发兵攻打卫国的都城。邯郸的地方官赵午是赵胜的后代,他也率领着邯郸的士兵配合主力部队攻打卫国的西门。因为赵午曾是卫国人的手下败将,所以卫国人特别轻视他,主动打开城门与赵午的士兵搏斗。赵午一看,非常气愤,高喊一声,率兵冲入城中,左右拼杀,杀死众多卫兵。卫兵见状,急忙进行反击,把他们赶出城外后,紧闭大门,再也不敢轻视赵

美丽邯山广场

午了。在晋军的围攻下，卫国只好撤回了邯郸城的守兵。赵简子也下令撤军。

晋国退兵后，赵简子派人责问卫国为什么要背叛晋国。卫国人便指责成何、涉伦的无礼行为。赵简子为缓和两国的关系，便下令杀死了成何和涉伦，但卫灵公仍不同意与晋国和好。卫国的得寸进尺，迫使赵简子再次发兵攻打卫国。卫国见晋国不肯善罢甘休，自己又难以抵挡，便向赵简子进贡了五百家卫人，双方这才罢手言和。当时，赵简子的封邑晋阳城正在建造中，他便把这五百家安置在与卫国较为接近的邯郸城。

临危结盟

公元前497年，晋阳城修好后，赵简子为了繁荣晋阳的经济，增加人口数量，便把邯郸的赵午召到晋都说："请你把卫国奉送的五百家卫人还给我，我要把他们迁到晋阳去。"赵午答应后，便回了邯郸。赵午的父兄们听说此事，便说："不行。有五百家卫人留在邯郸，可以和卫国保持良好的关系。把他们迁到晋阳，就等于和卫国断绝了关系。不如暂且缓一缓，我们先侵犯齐国，等齐国来攻打我们时，我们便以保护卫人的安全为理由，将他们迁到晋阳，这样就不至于影响我们和卫国的关系了。"赵简子见五百家卫人迟迟迁

赵简子墓出土的车马阵

赵简子墓出土的鸟尊

不到晋阳，非常生气，召赵午到晋阳来见他。

赵午一行来到晋阳城宫后，门卫说："简主有令，解下佩剑方可入宫。"赵午的家臣涉宾怕主人遭受不测，坚持要佩剑入宫。赵简子知道后，让士兵强行卸下了他们的武器，并命人将赵午关进了大牢。身为正卿和赵氏宗主的赵简子认为，连自己的族人都不听从号令，今后又何以服人，便按照家法处死了赵午。赵午的儿子赵稷和家臣涉宾惊闻赵午被杀，便据守邯郸举兵反叛。赵简子得到消息，立即派上军司马藉秦率兵包围了邯郸。

赵午的被杀，在晋国引起了不同的反响。中行氏和范氏都是晋国较大的卿族。赵午虽然与赵简子同族，但同时又是中行氏荀寅的外甥，中行氏又与范氏范吉射结有姻亲关系。这样，中行氏和范氏不仅不去配合赵简子的行动，反而与赵稷站在一起，结成了反对赵简子的联盟。赵简子因疏于防备，仓皇逃往晋阳。赵稷、中行寅、范吉射等穷追不舍，挥师直逼晋阳城下，欲置赵简子于死地。

在困守晋阳的危急关头，赵简子与晋国的其他三卿，即智、韩、魏三家结成了反对中行氏、范氏的联盟。他们最终击败了发动叛乱的中行寅和范吉射，解了晋阳之危。

赵鞅与赵无恤

终据古赵

公元前496年,赵简子率领着以赵氏为主的大军,向中行氏和范氏盘踞的朝歌发起了第一次围攻。由于久攻不下,便又移兵围困守备较为薄弱的邯郸。

公元前494年四月,齐景公、卫灵公为了援救邯郸,先包围了晋国的东方大邑五鹿城,赵简子只得放弃围攻邯郸,挥兵东进,反击齐、卫联军的进犯。

这一年的冬天,经过一段时间的准备后,赵简子又率兵攻打荀寅和范吉射,晋军第二次围攻朝歌。但中行氏和范氏据城坚守,仍难以攻破,加之天气突然寒冷,只得撤兵回国。

公元前493年,齐国派出长长的车队往朝歌运送粮食,由郑国派出军队进行护送,中行氏和范氏也派兵从朝歌出发,前去接应。赵简子知道这个消息后,便准备在粮队途经的戚城进行拦截。赵简子在戚城南的铁丘(今河南濮阳)召开了动员大会,会上诞生了历史上著名的"铁地誓词":"今天的这一战如果取胜,是上大夫的受封县邑,是下大夫的受封郡邑,普通士人受封田地十万亩,平民、工匠和商人都可以晋升官职,奴隶可以恢复人身自由。"赵简子慷慨激昂的誓言振聋发聩,打破了军功奖励上的常规,极大地鼓舞了将士的斗志。结果以少胜多,大败范氏、中行氏联军,重创其精锐,带着缴获的千辆粮车奏凯而回。

中行氏、范氏在朝歌已经困守了三年多,铁地战役后,给养不足,困厄不堪。公元前492年,赵简子又率领着浩浩荡荡的晋军第三次围攻朝歌。赵简子把大军驻扎在朝歌城南,重点攻打南门。荀寅派兵先攻打赵简子的后路,采用声东击西的战术,从北门突围,逃到了邯郸。

公元前491年九月,赵简子又发兵第三次围攻邯郸。经过两个月的激烈战斗,邯郸的守军宣布投降。赵午的儿子赵稷逃亡到了临邑,赵简子攻陷临邑城后,诛杀了赵稷,并毁坏了城池。

躲在邯郸城的荀寅和范吉射如丧家之犬,慌忙出逃到了中山国。后来他们在齐国的帮助下又回到了晋国的柏人(今河北隆尧县西南),企图以柏人为中心,重新建立一个根据地。公元前490年,赵简子又率兵攻打柏人,对中行氏和范氏的残余势力进行了彻底扫荡。荀寅和范吉射只好逃亡到了齐国。

在赵简子攻打中行氏、范氏时,齐国、卫国、郑国、中山国都曾发兵救援叛军。于是赵简子平定了叛乱后,对帮助过中行氏、范氏的卫国、中山国等逐一进行征伐。这样,一场长达七年的拉锯战,终于以赵氏的彻底胜利而告终。从此以后,赵简子占据了邯郸,赵氏的势力也越过太行山,延伸到了中原一带。

赵武灵王

战国 创造奇迹的改革代言人

胡服骑射 震古烁今

赵武灵王像

赵武灵王（？—公元前295年），名雍，三家分晋后赵国的第六代国君，战国著名的政治家、改革家和军事家。赵武灵王共在位二十七年，执政期间，他推行胡服骑射的改革政策，一改赵国积弱不振的局面，使赵国成为六国中唯一能与强秦抗衡的东方大国；他三灭中山国，将赵国的版图连为一体；他打败了林胡、楼烦二族，建立了云中、雁门、代三郡，并修筑了赵国的北长城，使赵国的疆域扩至最大。但他在传位时废长立幼，导致了赵国的一场危机，自己也饿死在沙丘宫中。

发愤图强谋改革

公元前326年，赵国第五世君主赵肃侯去世，年仅十五岁的赵雍继位。赵肃侯去世后，魏、楚、秦、燕、齐五国分别派出精兵万人前往赵国都城邯郸参加葬礼。五个国家派出同样数量的部队，显然是经过精心策划的，想趁赵国丧君、新君年幼之际，伺机图赵。

赵武灵王在大臣肥义的帮助下，命令赵国全境处于戒严状态。五国使者入赵后，见赵国精锐云集邯郸，重兵把守，毫无空隙可钻，葬礼结束后，便匆匆离去。五国图赵的阴谋被挫败了，年少的赵武灵王刚即位就经受住了严峻的考验。

赵武灵王继位时，正处在战国中后期，列国

间战争频仍,兼并之势愈演愈烈。赵国的周围被齐、中山、燕、林胡、楼烦、东胡、秦、韩、魏等国包围着,由于国势弱小,在争战中常常被动挨打。在赵武灵王继位的前十九年中,赵国屡败于秦、魏,不仅损兵折将,还得忍辱割地。林胡、楼烦也趁此机会连年向赵国发起军事掠夺,赵国几乎没有还击之力。

在这种严峻的形势面前,赵武灵王决心发愤图强,以振兴日渐衰弱的赵国。当时赵国的北面多是林胡、楼烦、匈奴等胡人部落,这些胡人在作战时,都是骑马持轻弓,身着短衣、长裤和皮靴,驰骋往来,动作敏捷,开弓射箭,运作自如。而赵国的军队尽管武器优于胡人,但大多是步兵和兵车编制的队伍,官兵均上衣下裳,宽袍大袖,行动起来十分不便,影响了战斗力的发挥。赵武灵王认为若要赵国强大起来,首先必须在军事上进行改革。于是,他在继位后的第十九年(公元前307年),经过深思熟虑,提出了"胡服骑射"的改革方略。

公元前307年,赵武灵王在信宫召集肥义、楼缓、公子成等重要大臣开了五天会。随后,赵武灵王又亲率大军到边境进行巡视。回到赵都邯郸后,赵武灵王召见大臣楼缓和肥义,提出了心中酝酿已久的想法,他说:"要想富国强兵,必须改变现有习俗,我想学习胡人的骑马射箭,穿

胡服骑射复原图

战国将士

胡人那样的短衣长裤,我准备令全国上下一律改穿胡服。"两人都积极赞同赵武灵王的改革主张。

胡服骑射强赵国

由于胡服骑射不仅是一场军事改革,同时也是一场移风易俗的改革,因此在施行之初,遇到了很大的阻力。赵武灵王的叔叔公子成是赵国一位德高望重的老臣,思想保守,观念陈旧。听说赵武灵王要实行胡服骑射的改革,他非常生气,假称有病不上朝,一些反对者也站在公子成的大

上海世博园河北馆的胡服骑射浮雕

旗下,形成了一股较强的反对势力。赵武灵王心想,要顺利推行改革,必须首先说服公子成。他亲自到公子成的家中,用强兵之道和泱泱赵国多次被游牧部落击败的事实说明胡服的益处和意义,公子成听了赵武灵王一番至情至理的肺腑之言,深受感动,终于改变了态度,并表示愿带头穿上胡服。朝中的官员思想统一后,赵武灵王便向全国颁发了"胡服令"和一系列的改革措施,从此赵国上至王公大臣,下至平民百姓都穿起了胡服。

赵武灵王通过一系列的军事改革措施,训练出了中原的第一支骑兵队伍,自此赵国一改积弱不振的局面,有了向外抗衡的军事实力。

公元前306年,赵武灵王亲自率领着这支训练有素的军队,攻取了胡地的榆中(今内蒙古鄂尔多斯黄河北岸)一带,迫使胡人的林胡王献马求和。第二年,他又率领着强大的骑兵攻打中山国。中山国位于赵国的东北部,把赵国的领土分割为邯郸和代地两部分,一直是赵国的心腹大患。赵武灵王亲自统率三军，一路势如破竹，攻入了中山国的腹地。中山国战败后，只得献出四城求和。公元前300年，赵军再次攻打中山，连占数城后又去攻打胡地，驰骋草原，势不可当，使赵国的版图迅速扩大，北至燕代，西至云中（今内蒙古托县东北）、九原（今内蒙古包头市西北），成为与强秦抗衡的雄劲之旅。

为了巩固边防、发展边疆经济，赵武灵王又实行了迁民政策，把一些官吏家的私奴迁到了边疆。他采用父亲赵肃侯在内地筑长城的经验，灭掉林胡、楼烦（今山西宁武县附近）后，建立了云中郡、雁门郡，迫使林胡和楼烦大幅度地向北迁移。又修筑了两道长城，以阻止林胡和楼烦的南下。第一道在今内蒙古乌加河、狼山一带，第二道在今内蒙古乌拉特前旗、包头、呼和浩特至河北张北一线。长城全部用土石修筑，绵延百里，如巨龙腾跃，在赵国的北部筑起了一道坚固的壁垒。后来秦始皇所筑的长城，就是在赵、燕、秦三国原有的基础上修成的。

儿女情长终不眠

正当赵武灵王如日中天、走向成功的顶峰时，一场历史的悲剧却悄然而至。赵武灵王的第一位夫人是韩王的女儿，为赵武灵王生下了公子赵章。

丛台广场的赵武灵王塑像

历史名人篇

022

赵武灵王后又娶美女吴娃,生了儿子赵何,吴娃临死前求赵武灵王立赵何为太子。

公元前299年,赵武灵王在邯郸东宫举行朝会,突然宣布传位于次子赵何,立其为王,是为赵惠文王,由宰相肥义辅佐。赵武灵王宣布退位,自号为主父。

公元前296年,赵国最终灭掉中山国。赵武灵王多年的心愿实现了,于是在全国庆祝五天。赵国的代地(今河北蔚县)与邯郸因中山相隔于其间,往来不便,现中山国灭,代地就直接与本土相连。于是赵武灵王封长子章于代,号安阳君,又派田不礼为相,辅佐公子章。

有一次,赵国大朝群臣,赵武灵王让赵惠文王坐在王位上,比赵何年长十岁的赵章也来朝见。赵武灵王见长子赵章身材魁梧,却反而向幼小的弟弟称臣,心中生出怜悯之情,想到攻伐中山时,不到十五岁的赵章就被委以统率中军的重任,取得了攻打中山的大胜利,此后又多次随从赵武灵王出征,屡立战功,于是就打算把代从赵国分出去,让公子章在代地建国称王。这一建议遭到了大臣们的一致反对,赵武灵王只好打消了这一念头。

赵章对赵武灵王立弟弟为王,心中怀有怨气。赵武灵王为弥补自己的过失,经常与赵章居住在一起,衣食住行均命人准备两份,赵章的仪仗用度与赵惠文王的几乎一样。赵章也暗中培植自己的势力,以伺机篡夺王位。

公元前295年,赵武灵王和赵何、赵章同游沙丘宫(今河北广宗县),三人各居一处。赵章和田不礼认为时机已到,便先发制人发动了叛乱。赵章假传主父的命令召见惠文王。接到传报后,早有警惕的肥义怀疑有诈,便先到赵章住处探虚实,结果被赵章的伏兵所杀。紧接着,双方在沙丘宫发生激战。公子成闻讯后,迅速率领骑兵星夜赶到沙丘宫,打败叛军,杀死田不礼。赵章走投无路,只好投奔主父处藏匿。公子成率兵包围赵武灵王的行宫,搜出赵章,当场斩杀。赵惠文王对父亲藏匿赵章的行为极为愤慨,当即下令锁上宫门,重兵围困。赵武灵王欲出不能,在宫中又无从取食,只好靠生吃幼雀维持生命,不久便被活活饿死,死后被葬在代地。

蔺相如

战国　智勇双全的护国名臣

足智多谋　完璧归赵

世博园河北馆的成语浮雕

邯郸市博物馆广场的和氏璧雕塑

战国时期战火连年，烽烟四起，国与国之间兼并分化频繁，各种人才脱颖而出，蔺相如就是由门客而登上历史舞台的一位叱咤风云的人物。

蔺相如（生卒年不详），战国时期著名的政治家、外交家，主要生活在赵惠文王、赵孝成王时期。他年轻时曾为赵国大宦官缪贤的门客，后官至上大夫、上卿等职。蔺相如在声威赫赫的秦王面前，完璧归赵，不辱使命；在渑池会上，智勇兼备，力挫秦王；而对大将军廉颇则退让再三，将相和睦，成为名垂青史的功臣。

智勇双全　完璧归赵

赵惠文王时期，赵国得到了闻名天下的和氏璧。秦昭王闻讯后，写信给赵惠文王，表示愿以秦国十五座城池来换和氏璧。赵惠文王看完书信后，极为忧虑，召集群臣研究对策。大家认为如果献出和氏璧，怕受秦王的欺骗，得不到十五座城；如果断然拒绝，又怕惹怒秦国，以此为借口挑起战争。大家议论纷纷，一时难以决断。这时有人出主意说："要是能派一位智勇双全的人带上和氏璧去见秦王就好了，如果得到十五座城，就把玉璧交给秦国；如果得不到，再把玉璧带回来。这样既不会上当受骗，秦国也没有借口发兵，可以两全其美。"这时一直沉默不语的缪贤推荐

磁县贾壁村

门客蔺相如担当此任。赵惠文王于是紧急召见了蔺相如。

蔺相如到来后,赵惠文王说明了来意,问道:"秦王要用十五座城邑来交换我的和氏璧,你认为是答应好,还是不答应好?"蔺相如说:"秦国强,赵国弱,不能不答应。"赵惠文王又问:"如果秦国拿了玉璧,不给我们城邑怎么办?"蔺相如说:"要是赵国不答应,这是赵国理亏;要是赵国把玉璧送给秦国,秦国不把城邑交给赵国,这是秦国理亏。依我看还是把玉璧送到秦国为上策,我愿携璧赴秦。"赵惠文王见他思路敏捷,有胆有识,便拜蔺相如为大夫,让他带着玉璧出使秦国。

蔺相如到了秦都咸阳,将玉璧献给秦昭襄王。秦王接过玉璧后,喜不自禁,他仔细鉴赏,看了又看,不住地啧啧称赞。他欣赏了一阵儿,又递给左右的群臣传看,群臣们眼睛放着光彩,兴奋不已,然后又传给后宫的美人赏玩,只字不提交换城邑之事。蔺相如见状,急中生智,便上前说:"这和氏璧虽然是稀世之宝,可惜上面还有些微小的斑瑕,让我指给大王看。"秦昭襄王便把玉璧递给蔺相如。蔺相如捧住玉璧,连退几步,靠在殿柱旁,厉声呵斥秦王说:"赵国满朝文武官员,都说秦国贪得无厌,仗着自己的强大,想用空话来骗取玉璧,所以都不主张把它送来。大王

渚河路沿岸图

磁县贾壁村

历史名人篇

听了我的话,才命我把玉璧送来。而您丝毫没有交换的诚意,所以我只好收回玉璧。"秦王见状,想命令武士上前夺抢。蔺相如怒发冲冠,紧紧捧住玉璧,大声呵斥道:"如果大王危言相逼,我情愿把自己的头颅和玉璧一起撞碎在石柱上。"说着就斜视着殿柱,作势跃起,准备与玉璧俱碎。秦王十分惊慌,怕他撞碎玉璧,于是婉言道歉,召唤主管版图的官吏取来地图,用手指着十五座城说要划给赵国。蔺相如知道秦王善于欺诈,不可轻信,便说:"和氏璧是天下至宝,赵王令我把玉璧送来的时候,邀请各国使臣参加,举行了隆重的送璧仪式。大王你也应该斋戒五天,在朝廷上举行受璧仪式,并邀请各国使臣一同参加,那时我再把玉璧献上,这才符合礼节。"秦昭王见蔺相如柔中带刚,有胆有识,认识到强取玉璧是不行的,只好答应了蔺相如提出的要求。蔺相如料定秦王不会遵守诺言,便派随员装扮成普通老百姓,将玉璧送回了赵国。

　　五天之后,秦昭襄王按照礼节接见了蔺相如,蔺相如说:"秦自缪公以来,从未讲过信义,这次我也怕受骗,已将玉璧送回赵国,如果大王真有诚意,就应派使臣赴赵,用城池来换璧。"秦王听后大发雷霆。蔺相如毫无惧色,挺直胸膛,准备赴死。秦王见蔺相如一身正气,凛然不屈,再也无计可施,只好放其返回赵国。蔺相如完璧

上海世博园河北馆的负荆请罪浮雕

归赵,轰动了朝廷内外,赵惠文王亲自在王宫设宴接风,并拜他为上大夫。

渑池相会　气吞山河

公元前279年,蔺相如随赵王在渑池与秦王相会。在宴会上,酒过三巡,秦王乘着酒兴对赵王说:"我听说赵王爱好音乐,我有一支宝瑟,想请你弹瑟助兴。"赵王心里很不是滋味,在这种场合让君王弹奏乐器,分明是一种取笑和羞辱。正在为难时,侍者已将一支宝瑟捧到他面前,他不敢推辞,只得弹奏了一曲。秦国的史官在旁边写道:"秦昭襄王二十八年,秋月吉日,赵王为秦王弹瑟。"史官写完又高声宣读一遍。蔺相如见秦王如此傲慢无礼,非常气愤,他不动声色,顺手取来了一个盛酒的瓦盆。蔺相如跪着将盆举献到秦王面前说:"赵王听说秦王擅长秦国的乡土曲调,我愿献上一个瓦盆,请你敲打伴唱,以

渑池会盟台

助酒兴。"秦昭襄王大怒,气得胡须直颤,蔺相如怒目圆睁,大声说道:"大王如果不答应,你我的距离不足五步之远,我的血将溅在大王身上。"秦王的侍卫要用刀剑来威胁蔺相如,蔺相如大声呵斥,那些侍卫被这如雷的吼声吓得倒退了几步。秦王也被蔺相如的威势所震慑,只得勉强在瓦盆上敲了一下。蔺相如高声宣布:"今日盛会,秦王击缶,也应记入史册。"说完,赵国的御史走上台来写道:"赵惠文王二十年秋月吉日,赵王

磁县贾璧村

历史名人篇

与秦王在渑池会饮,秦王给赵王敲缶助兴。"说完也诵读了一遍。一旁的秦国大臣见此情形,挑衅地说:"请赵国献出十五座城池为秦王祝寿。"蔺相如立即反驳道:"请秦国献出国都为赵王祝寿。"秦国的大臣们面面相觑,束手无策。秦昭襄王知道有蔺相如在场,秦国的威势是压不住赵国的,而且赵国的大军防范严密,只好强作欢颜,气氛缓和下来后,双方签订了互不侵犯条约。

胸怀豁达　包容大度

渑池会之后,蔺相如被封为赵国上卿,位次在廉颇之上。廉颇十分恼怒地说:"我身为赵国的大将,有攻城野战之功;而蔺相如仅凭着口舌立了点功,位次却在我之上,这口恶气我实在咽不下去。"并扬言:"我若见了蔺相如,定要当众羞辱他。"蔺相如听说了这话,尽量避免和他见面。每逢上朝时,蔺相如常常推托有病,不愿跟廉颇争位次的先后,有一次两人的车驾相遇,蔺相如就让自己的车子回避,廉颇扬长而去。

蔺相如的门客十分不解地问:"现在您和廉颇职位相同,廉将军公然无礼,您却再三躲避,我们都感到羞耻,何况您身为将相的人呢!"蔺相如说:"秦王那么威风,我蔺相如都敢当廷呵斥他,难道还会怕廉将军吗?现在秦国之所以不敢侵犯赵国,就是因为文有我,武有廉将军。如果两虎相斗,则必有一伤。我之所以这样做,是因为把国家的利益置于个人的恩怨之上。"后来廉颇听到这话,就赤膊袒背,背上荆条,由门客引导着到蔺相如府上赔罪,两人终于彼此和好,成了同生共死的朋友。

公元前260年,赵国在长平之战中惨败。此后不久,蔺相如带着报效国家的未竟愿望病逝。

廉颇

战国 三朝为将的国家忠诚卫士

负荆请罪 老当益壮

将相和

京剧《将相和》剧照

杨赤饰廉颇

于魁智饰蔺相如

廉颇塑像

历史名人篇

廉颇（公元前327年—公元前243年），赵国杰出的军事家，与白起、王翦、李牧并称"战国四大名将"，在赵惠文王、孝成王、悼襄王时期三朝为将。廉颇戎马一生，骁勇善战，为捍卫赵国的利益、壮大赵国的实力立下了汗马功劳。

巷窄德长

廉颇十五岁时从军，因作战勇猛且战功卓著被赵王封为将军。公元前283年，廉颇率军伐齐，取得大胜后又轻取阳晋，被赵惠文王拜为上卿，从此一直在赵国的军事和政务活动中担任着重要角色。

公元前279年，秦昭王派使者到赵国，约赵王在西河外的渑池（今河南渑池县境内）相会。在秦强赵弱的局面下，赵王有些害怕，想借故推辞，大将军廉颇和上大夫蔺相如提出建议，鼓励赵王毅然前往，以显示赵国的坚强和赵王的果敢。蔺相如随赵王同往，廉颇留守都城。蔺相如在渑池会上不卑不亢，毫不示弱地回击了秦王施展的种种手段，不仅为赵国挽回了声誉，而且对秦王和群臣产生了震慑作用。

渑池会盟大长了赵国人的志气，赵惠文王十分欣喜，重赏有功之臣，赐给廉颇十城二十邑，彩缎百尺，拜蔺相如为上卿，位居廉颇之上。廉

黄庭坚书《廉颇蔺相如列传》

颇下朝后气呼呼地说:"我作为赵国的大将,有攻城野战、卫国捍疆的汗马功劳。蔺相如出身低贱,仅仅凭着口舌之劳而位居我之上,我实在难以咽下这口气。"并多次扬言:"我一旦遇到蔺相如,非当面羞辱他不可。"蔺相如听说后,尽量避免和廉颇见面,每逢上朝时,常常假托有病,不愿意和廉颇去争位次的先后。

一次,蔺相如驾车外出,远远望见廉颇的车驾迎面而来,由于道路狭窄,只能容一辆马车通过,蔺相如便让随从调转车子躲避。随从们对蔺相如的再三避让感到十分不解,蔺相如说:"秦王的威严声振六国,天下没人敢去抵抗,但我蔺相如敢当面呵斥他。秦王我都不怕,难道我还怕廉将军吗?秦国之所以不敢出兵侵犯赵国,就是因为文有我蔺相如,武有廉大将军。如果我和廉将军斗起气来,两虎相斗,必有死伤,到那时赵国的大业就难保了。我对廉将军忍辱退让,是因为不能把个人的恩怨放在国家的危难之上。"廉颇听说后,感到十分懊悔和惭愧,身背荆条,赤膊袒背来到蔺相如家中,请蔺相如宽恕。从此两人言归于好,结为刎颈之交。秦国得知赵国将相和睦,不敢轻易侵犯赵国,从而为赵国赢得了十余年的和平时期。

安徽寿县廉颇墓碑刻

忍辱负重

公元前262年,秦昭襄王攻占了韩国的野王城,把韩国拦腰斩成两段,使韩国的上党郡与本土完全隔绝了。上党郡守冯亭认为上党早晚要被攻陷,与其投降秦国,不如投降赵国,这样韩赵两国就可以共同抵抗秦国了。秦昭襄王听说上党郡降赵,到嘴的肉被夺走了,便挥兵攻打上党。冯亭坚守了两个多月,因寡不敌众,便放弃上党,被迫撤退到长平(今山西高平市西北)防守。

赵孝成王听说上党郡得而复失,便派大将廉颇率兵增援,由于敌强我弱,廉颇采取坚守不出、以逸待劳的战略,消耗秦军的力量。双方相持数月,不分胜负。

年轻气盛的赵孝成王求胜心切,见廉颇按兵不动,以为他谨慎胆怯,不敢迎战,便派人前去催促,但廉颇仍不肯出战。秦将见赵军沟深垒高,坚守不出,而秦军远道而来,粮草不继,早晚要被拖垮,便给秦昭襄王写了奏章。丞相范雎让秦王使用离间计,派人到赵国散布消息,说廉颇怕打了败仗,毁了自己的一世英名。秦国最怕的是赵奢的儿子赵括,如果他去带兵,必将势不可当。赵孝成王轻信了谣言,不顾蔺相如等人的反对,让"纸上谈兵"的赵括取代了廉颇,成为长平之战的主帅。廉颇被迫卸职,屈辱地返回邯郸。

渚河路沿岸图

历史名人篇

赵括上任后，一改廉颇的军事部署，撤换了一批廉颇任用的将领，采取了贸然进攻的战术。面对赵军的进攻，秦军佯装败走，然后对赵军分而围之，并切断赵军的后勤供应线，使赵军彻底失败，赵括也在战斗中被秦军射杀，赵国四十余万将士被坑杀。

公元前259年九月，秦国乘胜追击，开始对赵国都城邯郸发起进攻。秦军攻势凌厉，老将廉颇挺身而出，率领残余的赵军顽强应战，开始了历时两年之久的邯郸保卫战。赵军汲取长平之战的惨痛教训，部署周全，防守严密，不断组织精锐部队偷袭秦军，使秦军屡屡受挫。公元前257年，魏、楚两国派出军队援救邯郸，赵军与魏楚联军在邯郸城下大败秦军，终于取得了邯郸保卫战的胜利。

公元前252年，燕国认为赵国经过两次大的战争，国力受损，元气大伤，便趁机发动十万大军攻赵，以扩大自己的地盘。在燕军大兵压境的紧急关头，赵孝成王重新起用了闲居在家的老将廉颇。

廉颇欣然赴任，挥鞭跃马，披甲上阵，率兵迎战燕军，击退了燕军一次又一次的进攻。赵军在廉颇的统帅下乘胜追击，最后兵临燕都，迫使燕国割五城求和。迎战燕军和攻打燕国的胜利，使廉颇又恢复了往日雄风，声名重振。廉颇凯旋

康颐祠堂

后，便被赵孝成王封为信平君，提拔为代理相国，暂理国政。

公元前245年，病危中的赵孝成王派廉颇进攻魏国，很快攻克了繁阳城。这时赵孝成王病逝，由太子赵偃嗣立，称为赵悼襄王。正在前线作战的廉颇听到国君病丧的消息，便停止进攻，原地驻守，等待新王的命令。赵悼襄王听信大夫郭开的谗言，令武襄君乐乘去繁阳取代廉颇。

廉颇正准备向魏国的纵深处进攻，没想到得来的却是换将的消息。他勃然大怒，便发兵攻打乐乘，乐乘自知不是对手，又逃回了赵国，不敢赴任。廉颇知自己不被赵王所用，只好投奔了魏国。魏王虽然把他尊为客将，但疑而不用，廉颇思前想后，不禁扼腕长叹。

公元前236年，赵国正在攻打燕国，秦国见赵国主力部队在外，国内力量空虚，便派兵攻打赵国。赵国难以阻挡秦国的进攻，战斗频频失利。此时有位大臣向赵悼襄王提议说，要想抵御秦国的进攻，必须重新起用廉颇。赵王听了忙派人去请廉颇。郭开闻讯后，怕廉颇重新受到重用对自己不利，暗地里对使者进行贿赂。

廉颇见到赵国的使者后非常高兴。为了表示自己还能够继续为国效力，率兵打仗，在招待使者的筵席上，廉颇狼吞虎咽，一顿饭吃了一斗米、十斤肉，然后披挂上赵王赠送的铠甲，跃上战马，在马上舞动长戟，疾驶如飞，雄风不减当年。但使者由于收受了郭开的贿赂，回到邯郸后违心地对赵王说："廉将军虽然老了，但饭量很大。只是陪我坐着的时候，一会儿的工夫就上了三次厕所。"赵王听完使者的话，叹息不止，于是便打消了起用廉颇的念头。秦军听说赵国不用廉颇，连攻数城，使赵国江山残破，处于风雨飘摇之中。

后来楚王偷偷派人把廉颇接到了楚国。廉颇心境悲凉，做了楚国的大将后，总感到不能得心应手。他感慨地说："我真想去指挥赵国的军队呀！"终日郁郁寡欢，不久便死在了楚国的寿春(今安徽寿县)。

荀子

战国 最有学问的邯郸籍巨儒

儒学巨匠 闳中肆外

荀子像

春秋战国时期，伴随着社会的大动荡、大变革，各种学说、流派争相问世，他们以学者或政治家的面貌登上社会舞台，著书立说，百家争鸣，形成了浓厚的学术氛围。当孔子、孟子、庄子等一代宗师相继去世后，荀子起于百家之衰，他集儒家之大成，开法家思想之先河，成为战国末期的一位儒学巨匠。

荀子（约公元前313年—公元前238年）名况，字卿，两汉时为避西汉宣帝刘询讳，因"荀"与"孙"二字古音相通，故又称孙卿。他出生于学术氛围比较浓厚的赵国，当时诸多学者荟萃邯郸，各挟其说，放言高论，鸣胜一时。荀子在求学时，就在良好的学术环境中成长，受到各种思想的熏陶，学术思想的基础也因此而得到奠定。公元前300年左右，荀子为了进一步深造，开阔眼界，来到了齐国的首都临淄，到著名的稷下学宫学习。

稷下学宫的领袖之才

稷下学宫始建于春秋五霸之一的齐桓公时期，到了齐宣王、齐湣王时期，稷下学宫发展到了空前的规模，成为各种流派及各种学说汇聚、交流和传播的重要场所。一时天下名士云集，各国学者纷至沓来，盛时多达数万人。孟子也携弟子前来讲学，被尊为齐卿；慎到、环渊、接予、田骈等七十六位著名学者，都被齐王列为上大夫。齐王给予他们优厚的政治待遇，使他们不治而议论，著书以刺世，参与时政，为君王进言劝谏。

荀子来到稷下学宫时，风华正茂，正值学知识、长见识的大好时光。在这里，他广纳各派之说，博采众家之长，对林立的百家学说兼收并蓄，尤其是对儒家的学说进行了透彻的研究，吸取其精华。经过十几年的寒窗苦读，他积累了丰厚的学识，在近三十岁时便成为稷下学宫的领袖。他熔铸百家而自成一体，占据了学术界的权威地位。

公元前286年，齐湣王任用韩珉为相，并采纳他的建议，要攻打宋国。荀子等稷下学者对齐王穷兵黩武、夸耀武功、不尚仁治的做法很不满意，多次上书劝谏，但齐湣王一意孤行，不予采纳，使他们大失所望。一些学者纷纷离去，慎到、接予等人回乡隐居，田骈到了薛地，荀子也感到在齐国不再能有作为，便离开齐国到了楚国。曾经鼎盛至极的稷下学宫，顿时变得萧条而清冷。齐国灭宋后，兼并了大片土地，一时声势很盛，这直接威胁到了三晋和楚国，也使秦国感到不安。荀子等学者离开齐都不久，公元前284年，燕国上将军乐毅便率领着燕、韩、赵、魏、秦五国之师，攻陷了齐都临淄，齐湣王也在战乱中丧生。

公元前279年，齐国将领田单借燕惠王弃用乐毅之机，向燕国发起反攻，一举收复失地，齐

荀子雕像

襄王继承了君位后,吸取了齐湣王的教训,为重振齐国,便下令召集亡散的学士,重整衰败了六年之久的稷下学宫。

特立独行的耀世思想

荀子所在的楚国,由于执政的楚王统治腐败,国力衰弱,致使秦将白起发兵攻楚。秦军长驱直入,攻陷了楚都郢城(今湖北荆州),放火烧毁了夷陵,使楚地举国大乱,楚顷襄王仓皇迁都于陈地(今河南淮阳)。荀子在楚国的战乱中正难以安身,接到齐国的邀请,便又回到了稷下学宫。当时,由于田骈等老一辈学者相继去世,慎到、接予又不在齐国,荀子成为稷下学宫中资历最老的学者,再加上过人的学识和才德,被再次推举为学宫的领袖。在荀子的组织领导下,衰败的稷下学宫很快得到了恢复。昔日的衰草残瓦不见了,整齐的学宫书房内,又荡起一片琅琅的读书声。

荀子在齐国安静的环境中,广泛传播儒家学说,讲授各派教义,并对儒家思想中复古保守的倾向有所扬弃。后被秦始皇所重用的李斯、韩非等人,都是他的亲授弟子。从某种意义上讲,秦始皇是用荀子的思想统一了中国。在十几年的教学生涯中,荀子不仅桃李遍布全国,而且开始著书立说,著名的《劝学》《天论》等不朽名篇,

荀子像

就是在此时完成的。荀子的散文长于论辩,结构谨严,风格浑厚,语言流畅,形成了自己独特的文风。

威震列国的儒家风采

公元前266年,出身贫寒的范雎被秦昭王任命为相国,辅佐秦政。范雎作为纵横家,曾深受荀子思想的影响,对荀子仰慕已久。他上任后就向秦昭王推荐荀子,并多次邀请荀子到秦国,但荀子因事务繁忙抽不出身来,未能成行。

公元前264年,齐襄王去世,受齐襄王尊崇的荀子有些失落感,便辞去了学宫的职务,带着弟子来到了秦国。秦昭王和相国范雎在秦宫的大厅内隆重地接待了荀子，席间他们进行了热烈的交谈。

秦昭王听了荀子的一席高论，受益匪浅，便请荀子多住些日子，到秦国各地考察一番，然后再进行深谈，交换彼此的看法。

荀子对秦国的政治、军事、民风习俗及自然形势等进行了较为全面的考察。他回宫后面见了秦昭王和范雎，对秦国民风淳朴、吏治井然的强盛局面大为赞赏，并提出要想使国家强盛进而统一天下，还必须实行仁政，不能因为兵强海内而过分强调武力称霸。当时秦国正忙于兼并战争，对荀子的这一套理论当然不会全盘接受。荀子在秦国观察了一个时期，见自己的主张不被采纳，便又回到齐国。荀子的弟子将他在秦国的言论进行记录整理，写成了《儒政》和《强国》两篇文章，后收入到《荀子》一书中。

荀子在秦国未能如愿，回到齐国不久，便又带领弟子李斯、陈嚣等人来到父母之邦赵国。赵孝成王对荀子回归故里感到非常高兴，他热情地对荀子说："明日楚国的临武君和我一块儿讨论用兵的问题，你也来发表一下高见吧！"

第二天，他们便在赵孝成王的宫殿里摆席交谈。赵孝成王说："请问什么是用兵的要领？"临武君的回答只强调天时地利等客观因素，而荀

稷下学宫

历史名人篇

子则认为，战争的胜利之本在于争取民心。用兵之道，不是为了争夺，而是为了和平。并对战争中的战略和战术问题发表了自己的见解。荀子精辟的军事思想，使在场的人深为折服。

闳中肆外的儒学巨匠

荀子在赵国居住了近一年的时间。由于齐国屡次派人邀请荀子回去主持稷下学宫的工作，荀子又回到了齐国，第三次被推举为稷下学宫的领袖。这时，齐王建在位，由于君王年幼，朝政由其母后把持。荀子将秦国和赵国进行比较，对齐国不修战备、民心懈怠的局面深感忧虑，便求见齐相国。他分析了各国的内外形势，对齐国"女主乱之宫，诈臣乱之朝"的弊政进行了尖锐的批评，结果荀子的诤言进谏反而遭到了攻击，他被迫离开齐国到了楚国。

荀子闻听楚相国春申君礼贤下士，便到陈都求见。春申君见年已花甲的荀子举止儒雅，博通百家，谈吐不凡，不由得肃然起敬。这时楚国刚占领了鲁国的兰陵之地，县令位空缺，春申君便向荀子施礼说："请先生为兰陵令，以教导兰陵之民！"荀子欣然允诺。

春申君有个门客知道了这件事后，极力劝阻说："兰陵之地有百里见方，亳京和镐京也是百

兰陵荀子墓

里之地。从前商汤王依靠亳京灭掉了夏朝,周武王利用镐京灭掉了商朝,可见百里之地却可以得天下。这是什么原因?就是因为有才能的人在那里治理。现在荀子是天下最有才能的人,你竟给他一百里地的势力范围,这对你是十分不利的。"春申君听了门客的话,觉得有道理,便又派人回绝了荀子。

荀子在楚国碰了壁,无法施展自己的才能,就回到了赵国。赵王十分器重荀子,委以重任,封他为上卿。

这消息传到楚国后,那个门客对春申君说:"过去伊尹离开夏地到了殷地,殷王统一了天下。夏朝却灭亡了。管仲离开了鲁国,鲁国衰弱而齐国强盛。有才能的人在哪里,哪个国家就强大。如今荀子可以算得上是天下最有才能的人了,可你却允许他离开楚国,这对楚国来说,恐怕是很危险的!"春申君觉得门客说得很有道理,于是立即派遣使者到了赵国,想把荀子请回楚国。

使者见到荀子,向他传达了春申君的歉意,再三希望他能不计前嫌回去辅佐春申君。荀子无法原谅春申君之前的做法,便写了一封信,委婉地谢绝了春申君。春申君为了弥补自己的过失,一再坚持邀请荀子回来,荀子终于被春申君的诚意所感动,于公元前253年回到了楚国,春申君复任他为兰陵县令。

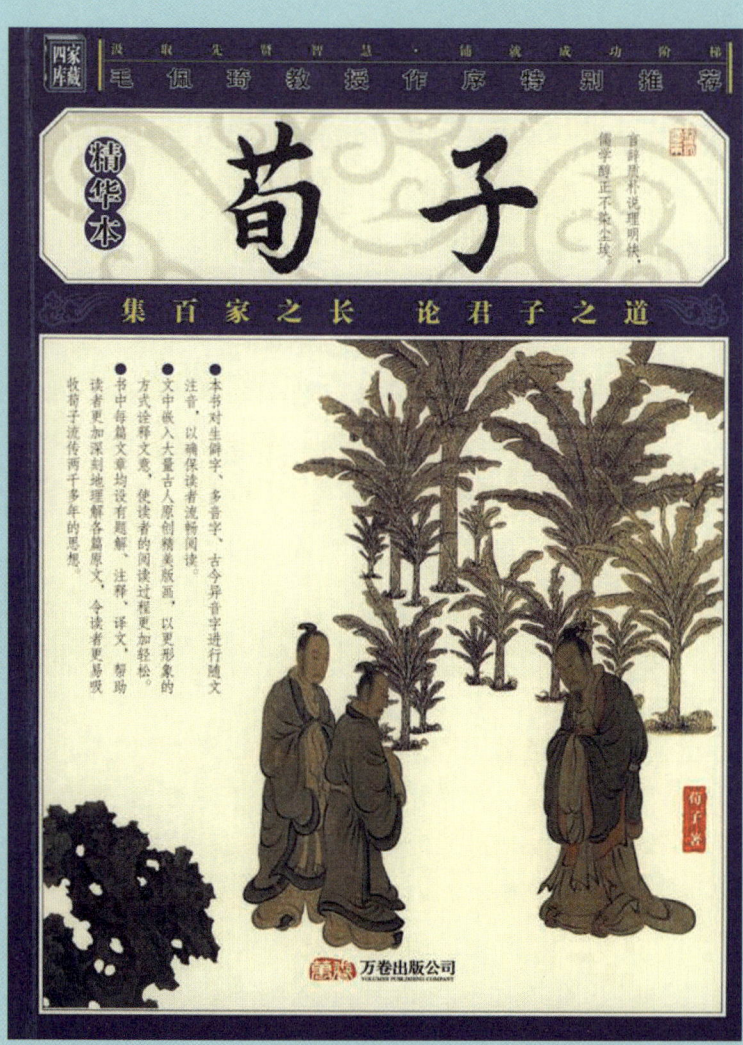

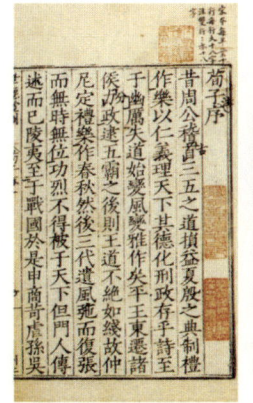
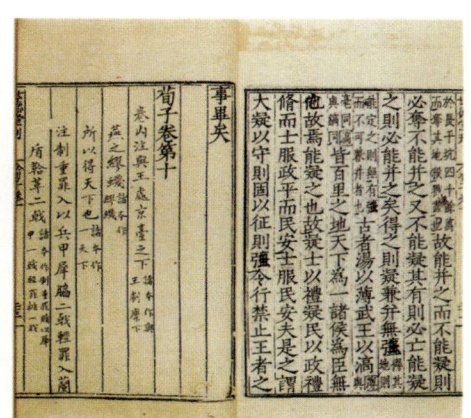

《荀子》二十卷明刻本

荀子的弟子李斯近几年一直跟随老师周游列国，对荀子倡导的帝王之术已通晓十之八九。在巡游过程中，他看到东方六国的国力弱小，难以成就大业，而老师又甘处卑贱之位。欲施展帝王之业，只有去投靠强大的秦国，因此他向荀子辞行，西入秦国，后成为秦国著名的丞相。

公元前238年，楚考烈王去世，春申君的门客李园埋伏杀手刺死了春申君，受春申君宠信的荀子遭受排挤，被迫辞去了兰陵令。

辞官后，他闲居家中对自己的思想和学说加以总结整理，写出了数万言的学术巨著《荀子》。其思想源远流长，使荀子成为继孔子、孟子之后的儒学大师。

荀子的著述原有三百余篇，后经西汉刘向编订为三十二篇，定名为《荀卿新书》，唐人杨倞做注时改称《荀卿子》，宋以后通称《荀子》，

荀子论道

它成为中国思想发展史上的一部重要著作。

几年后,荀子在楚国兰陵的故居寿终正寝。现在山东兰陵县兰陵镇东南,有座封土高大的古墓,便是荀子的栖身之地。

秦始皇

战国 诞生邯郸 一统天下

秦始皇像

唐代诗人李白在《古风·秦王扫六合》一诗中写道："秦王扫六合，虎视何雄哉！"他诗中的秦王即秦始皇。

"被政治"的胎中赵娃

战国末期，秦赵两国为争夺一统天下的主导权，战事频繁，双方都投入了大量的人力和物力。公元前264年，正值长平大战之前，秦国为了赢得更为充分的时间扩军备战，便与赵国定约和好。按照当时的惯例，为了取得双方的信任，需互相交换王室子弟作为人质抵押在对方国家。于是，秦昭王便将太子安国君的儿子异人送到赵国做了人质。安国君有二十多个儿子，异人排行中间，他的母亲是安国君的妾夏姬，当时夏姬已经失宠，所以，异人在秦国并没有什么地位可言。在风云变幻的战国时期，各国之间的外交关系瞬息万变。异人作为人质客居他乡，随时都面临着杀身之祸。

异人到邯郸做人质后，秦国并不顾及他的安危，屡次违约，派兵攻打赵国，使两国关系不断交恶。赵惠文王便迁怒于异人，令他搬出王宫所在地的赵王城，迁到了大北城的丛台下，还剥夺了异人所享受的特权和参与外交活动的权力。赵王虽然没有杀掉异人，却用种种手段打压他，使他的生活窘迫不堪。

这时，阳翟（今河南禹州）大商人吕不韦来到赵都邯郸经商，结识了异人。他仔细分析了秦王朝更迭的趋势，凭借着商人特有的敏感，认为异人"奇货可居"，开始在他身上投注政治资本，以资助异人登上秦王的宝座。

当时，秦昭王年事已高，太子安国君即将继位，受到安国君宠爱的华阳夫人也将成为王后，但华阳夫人没有儿子。吕不韦便四处活动，使异人成为华阳夫人的义子，以待将来立为太子。华阳夫人也想在以后有所依靠，便满口答应，并派人去赵国，请求放异人回国，但赵国没有答应。

据《史记》记载，吕不韦在邯郸娶了一位年轻貌美的女子赵姬，不久她便有了身孕。一次，吕不韦请异人到自己家中喝酒，酒酣之时，吕不韦请赵姬歌舞助兴。异人为赵姬所倾倒，请求吕不韦将赵姬送给自己为妻，这正中吕不韦下怀，他顺水推舟，随后便将赵姬送与异人为妻。第二年，赵姬生下了一个男婴，这便是后来的秦始皇。

志起忧患

秦始皇生于公元前259年的正月，故起名为政，并随母姓叫赵政。秦始皇两岁时，秦王先后派大将王陵、王龁为主帅，率重兵围攻邯郸。对秦人的多次背信弃义，赵人恼羞成怒，便准备杀

秦始皇像

掉秦国的人质异人。神通广大的吕不韦得到消息后,用六百两黄金买通了守城的官吏,他和异人装扮成商人主仆出了城门,逃到了秦军的营地,辗转回到了秦国。赵人听说异人跑了,便准备杀掉他的妻儿,赵姬母子藏匿娘家,躲避了官兵的捕杀。赵家在邯郸属豪门之列,在官场中也有些势力,经上下周旋,方使赵姬母子幸免于难。

秦始皇牙牙学语时,父亲便离他而去,时世之艰与忧患之苦,使他幼小的心灵饱经颠沛流离的磨难,同时也助他了解了许多列国的知识,大大开阔了眼界,练就了他坚毅、果断、锐不可当的性格,使他树立起气吞八荒的远大志向。在邯郸城内,他和在这里做人质的燕国太子丹等孩童一起游玩,共同的生活境遇使他们成了很要好的朋友。秦始皇称王后,燕太子丹又到秦国做了人质,秦始皇不念旧交,对太子丹很不礼貌。太子丹请求回国时,秦始皇却说:"待乌鸦头上生出白毛,马头上长出角的时候,便答应你回国。"太子丹从此怀恨在心,他逃回燕国后,招募义士荆轲为自己报仇雪恨,使两人在赵国结下的恩怨,酿成了荆轲刺秦王的悲壮史剧。

公元前251年,秦昭王去世,太子安国君继位为王,尊为秦孝王,华阳夫人被立为王后,异人被立为太子。赵国见异人的地位发生了变化,为了向秦国示好,主动将赵姬母子送回了秦国。

秦始皇陵远景

秦始皇

古丛台

从此,秦始皇告别了他生活九载的邯郸,回到了父亲身边,后依父姓将赵政改为嬴政。秦孝王即位不久便因病去世,异人顺利地登上了王位,称为秦庄襄王。三年后,庄襄王病逝,太子嬴政继位,登基为王,当时年仅十三岁。

嬴政二十二岁时,开始亲理政务。这时他已长成了一个英俊威武的青年,身高八尺有余,腰粗体壮,虎口,日角,鼻梁高高隆起,双目大而威严。动荡的政局使他思想早熟,具备了深思远虑的政治素质。秦始皇整顿了内政后,便开始了征服六国的伟业。公元前230年,他首先灭掉韩国,又对赵国虎视眈眈。公元前229年,秦军东下,兴兵伐赵。由于赵王昏庸无能,用人多疑,宠信奸臣,斩杀了良将李牧,致使秦将王翦于公元前228年十月攻占了赵都邯郸,并俘虏了赵王迁。得到捷报后,秦王嬴政亲自驾临邯郸。故地重游,使他忆起了儿时在赵国遭受的种种屈辱与不公,不由得怒从心头起,把当年和母亲家有怨仇的赵人全部杀死坑埋,同时下令把十多万赵国贵族、富豪迁往成阳、巴蜀等地。去往迁徙地时,一些人使用钱财贿赂主事的官员,央求他们把自己迁徙到近处。以冶铁为业的卓氏,被迁往蜀地的临邛,后重整家业,成为当地首富。赵都财富的大量外流和人口的锐减,使邯郸经济的发展受到了很大的破坏。嬴政泄掉了心头多年的积怨后,便率军从太原郡、上党郡回到了秦都咸阳。

秦始皇统一中国后,从公元前221年起,进行了五次大规模的巡游活动。公元前218年,秦始皇开始了第三次外出巡游。他从咸阳出发,经濮阳、临淄到达了山东半岛的芝罘山,并在芝罘山上刻石记功。返回时从琅琊山经临淄,西行到平原郡,再到巨鹿,又北上恒山,从恒山南下到邯郸,然后经西南穿过太行山,从壶关回到咸阳。

英雄悲世

秦始皇出巡除游山玩水外,主要是为了显示泱泱大国之君的气概,对六国旧贵族势力形成威慑。邯郸是赵国的都城,秦赵一向积怨很深,出巡途经邯郸,既是由于交通便利,同时也是对赵国旧贵族的示威。

公元前215年,秦始皇又开始了第四次外出巡游。他率领庞大的军队从咸阳东出函谷后,在孟津穿过黄河,往北到达邯郸、恒山、涿县和蓟县等地,直至碣石。

这次出巡从目的地来看,是为了寻求仙人不老之药,但实际上是为了加强和巩固统一的大业。从咸阳到碣石的路上,筑有许多城郭和堤防,这里多为原赵、魏、韩、齐等国的交界处及黄河水系的流经处,曾是各国防守割据的屏障。这些堤防既可防备河患，又可改变河道水流，冲击敌国，所以既阻塞交通，又容易造成水患。秦始皇下令摧毁城郭，疏通堤防，所到之处城毁墙塌，尘土飞扬。邯郸是秦始皇北巡经过的一个重要郡城，又是赵国旧势力盘踞的地方，因而邯郸的平毁便首当其冲了。

公元前210年十月，秦始皇开始了他一生中的最后一次巡游。这次巡游远达会稽，秦始皇在此祭拜了大禹陵，从会稽下山后，又北上到达山东半岛的芝罘，然后取道临淄西返。渡过黄河到达平原津（今山东省平原县）时，秦始皇一路风尘，身染重疾，寒热交作，疼痛难忍。随从医官施针进药，全无效果。身体孱弱的秦始皇一直催促着赶路，他们星夜兼程，来到了一片开阔地，远远地望见有一座宫殿，便向附近堆沙玩的孩童打听，孩童们告诉车队这里是沙丘。远处的沙丘宫是一座高台建筑，为商纣王时的行宫，战国时为赵王的离宫，赵国的第六位君王赵武灵王就曾饿死在沙丘宫内。当车队来到沙丘宫时，秦始皇已病入膏肓，他预感到自己将不久于人世，便把车府令赵高和丞相李斯唤到身边，交代后事。他写好了遗诏，命人盖上了玉玺，做完这一切后，才安详地闭上了眼睛。秦始皇急急赶路想回到秦都咸阳，不想却滞留在赵国。他生于赵国，如今又魂归赵国，人生的轮回真是奇妙。七月二十日，秦始皇驾崩于沙丘宫的平台上。这位叱咤风云、影响中国历史几千年的伟大人物撒手人寰,时年五十岁。

秦始皇统一天下的辉煌业绩和他生死的巧合,为古城邯郸平添了一层神秘的色彩。岁月悠悠。如今的丛台已被辟为公园,成为人们凭吊古迹和游览观光的胜地。

袁绍

东汉 成就曹操的英雄
乱世英雄 名动天下

长揖横戈出将
军盖代雄头颅走千
里朱计级田丰

袁绍像

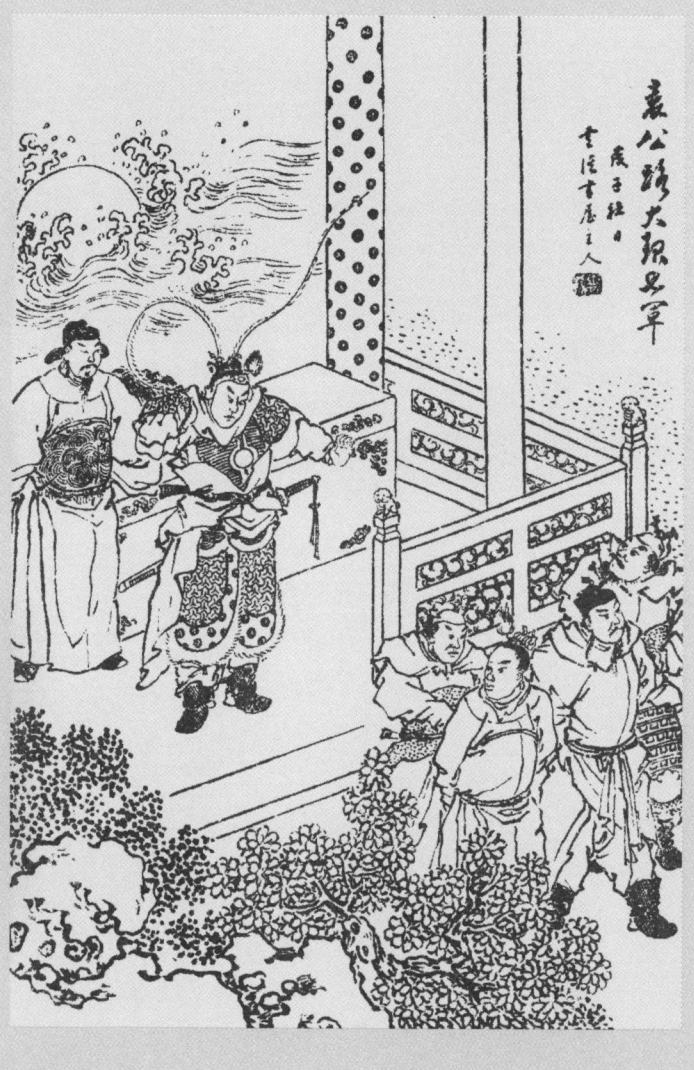

《三国演义》插图
袁公路大起七军

袁绍像

东汉末年，中原大地群雄割据，烽烟四起，席卷大地的黄巾起义使统一的封建帝国陷入了大分裂的境地。在武装割据、相互厮杀的军阀混战中，袁绍成为一位叱咤风云的人物。

袁绍（？—202年），字本初，汝南汝阳（今河南商水县）人。他出身于一个势倾天下的宦官世家，从高祖父袁安起，四世之中有五人官拜三公。伯父袁成，官拜左中郎将；父亲袁逢，官拜司空；叔父袁隗，官拜司徒。袁绍因为是庶出，被过继给伯父袁成。

袁绍磬河战孙公

《三国演义》插图
袁绍磬河战公孙

乱世英雄

袁绍容貌威武,气宇不凡,凭借着家族的威望,他不到二十岁就出任濮阳县县长。不久,因母亲病故服丧,接着又补服父丧,袁绍前后共六年赋闲在家。之后,他拒绝朝廷辟召,隐居在洛阳。

袁绍表面隐居,暗中结交党人和侠义之士,与曹操等人结成了一个以反宦官专政为目的的政治集团。黄巾起义爆发以后,袁绍应大将军何进的辟召,任司隶校尉之职。何进是汉灵帝刘宏皇后的异母兄,以外戚贵显,统领左右羽林军,对宦官专政不满。袁绍有意借何进之力除掉宦官,而何进也很信任袁绍。从此,两人建立起非同一般的关系。

汉灵帝病死后,皇位继承问题激化了宦官与外戚何进的矛盾。宦官蹇硕决定诛杀何进,立刘协为帝,于是派人诱骗何进入宫。何进集结军队于宫外,严阵以待,称病不入。蹇硕迫于压力,不得不立刘辩为帝。蹇硕不甘心失败,再度谋划诛杀何进,事情败露后,何进下令捕杀蹇硕。袁绍提议说:"可以调集四方猛将豪杰,开进京城,杀尽宦官。"何进派并州牧董卓等人带领军队进京,四方兵起,京师震动。宦官们铤而走险,在张让的指挥下进入宫中,斩杀了何进。袁绍听说后,领兵入宫,关闭宫门,指挥士兵搜索宫中的宦官,

古邗玄武湖

不论老幼皆斩尽杀绝,死者达两千多人。

正当袁绍在内宫大肆屠戮宦官的时候,董卓簇拥着少帝,带着军队浩浩荡荡地开进洛阳城。董卓入主洛阳后,尽揽朝政,废少帝刘辩,立献帝刘协,袁绍对此极为不满,愤然而去,奔往冀州。董卓为安抚袁绍,封他为冀州渤海郡太守。

坐镇邺城

董卓在洛阳肆意妄为,滥杀无辜,引起了官僚士大夫的愤恨,各地讨伐董卓的呼声越来越高。190年,袁绍在渤海郡联合起兵,讨伐董卓。他与冀州牧、豫州刺史和兖州刺史等十余人各带数万人马相约会盟,袁绍被推举为盟主。董卓见联军气势甚盛,便屯兵洛阳,与联军对抗,双方胶着于荥阳(今属河南)、河内一线。不久,联军内部发生火拼,各引兵散去,形成诸侯割据的局面。

当时邺城为冀州首府,冀州牧韩馥见客居冀州的袁绍势力不断扩大,疑虑重重,唯恐危及自身。他不但经常派人监视袁氏府第,还故意减少军需供应,欲迫使袁军离散。191年,盘踞幽州的公孙瓒南袭冀州,韩馥一战败绩,慌了手脚。韩馥生性怯懦,缺少主见,他听从说客的建议,被迫把冀州让给了袁绍。袁绍做了冀州牧后,见魏郡邺城(今河北临漳县西南)土地肥沃,物产丰富,又

现代古邺
临漳风采

位于冀州南端,便坐镇邺城,开始在华北扩张势力。

191年,公孙瓒大破黄巾军,威震黄河以北,冀州郡县纷纷望风归降。袁绍亲率大军攻打公孙瓒,两军在界桥南二十里处交锋。袁军士气旺盛,临阵斩杀了公孙瓒设置的冀州刺史严钢,杀敌千余人。征战中,袁绍与百余名军士被公孙瓒两千多骑兵包围。别驾田丰请求袁绍退入一堵矮墙内躲避,袁绍猛地将头盔掼在地上说:"大丈夫理应战死沙场,怎能藏匿墙壁之间!"随后指挥强弩之士猛烈还击,射杀敌人众多,方才冲散围军。这一年,公孙瓒又派兵攻打袁绍,结果再次被袁绍打败,之后就退守幽州,再也不敢轻举妄动了。

195年冬天,汉献帝被董卓部将李信等追赶至曹阳(今河南陕县西南)。别驾沮授劝谏袁绍说:"现在冀州安定,兵强马壮,士人归附,如果能把汉献帝迎到邺城,挟制天子来号令诸侯,积蓄兵马来讨伐逆臣,还有谁能抵挡呢?"袁绍本来就反对让汉献帝为帝,虽然沮授苦口婆心多次劝告,最终袁绍也未采纳沮授的意见。

曹操抓住了这个机会,196年,曹操力排众议,亲自到洛阳朝见献帝,并把他迎接到许县(今河南许昌),在许县建立新都城,从而把献帝控制在自己的手中。这里成了政治中心,曹操也成了皇帝的代言人,随心所欲,号令四方,这是袁绍始料未及的,他因此后悔不迭。当时曹操实力不

《三国演义》插图
战官渡本初败绩

如袁绍，只能采取克制忍耐的策略，他任命袁绍为太尉，封邺侯。197年，他派孔融出使邺城，拜袁绍为大将军，并让他兼督冀、青、幽、并四州。

官渡兵败

199年，袁绍消灭了幽州的公孙瓒，吞并四州之地，领兵数十万，雄霸河北，成为当时势力最强的一方诸侯。袁绍让儿子们各据一州，长子袁谭为青州刺史，次子袁熙为幽州刺史，外甥高干为并州刺史，自己仍据邺城，只留袁尚在身边。

同年，袁绍率领十万精锐步兵和一万骑兵夺取许都，想把汉献帝从曹操手里抢过来。监军沮授说："连年兴兵，百姓疲惫不堪，仓库没有积蓄，赋役也十分沉重，应以逸待劳，等待时机。"袁绍自恃地广兵强，根本听不进沮授的忠告。

200年，刘备背叛曹操，曹操率军攻打刘备，田丰对袁绍说："曹操东击刘备，后方空虚，眼下起兵袭击曹操后方，可以一举获胜。"可袁绍却以儿子生病为借口，不肯发兵。田丰当场以杖击地："苍天！怎能为了一个孩儿放弃良机！"待曹操击败刘备后，袁绍又决定出兵进攻许都。田丰认为已经错过了时机，不宜再出兵了，袁绍不仅不听田丰的劝告，而且以扰乱军心的罪名把田丰拘押起来。

同年二月，袁绍派陈琳书写并发布檄文，拉开了官渡（今河南中牟东北）之战的序幕。袁绍率精兵十万南下，曹操以声东击西之计，于白马（今河南滑县境）斩杀了先锋大将颜良，击败袁军。袁绍又起兵延津，但先锋文丑中了曹操之计，又被斩杀。此时江东孙策病逝，孙权继位。袁绍本来想和孙权的哥哥孙策结为抗曹联盟，不料孙权执政后无意和自己合作，于是亲率大军出战官渡，以七万人攻打曹操的二万人。谋士沮授建议袁绍采取持久战略，许攸也建议派兵袭击许都，但在强弱众寡的悬殊对比下，袁绍踌躇满志，听不进任何建议。这时许攸因家属犯罪被袁绍处罚而对袁绍怀恨在心，遂投奔曹操。许攸向曹操建议，派兵袭击袁军的粮仓所在地乌巢（今河南延津东南）。曹操亲率精锐五千骑奔袭乌巢，乌巢当时的守将是淳于琼，他对曹军的进攻毫无防范，曹军将袁绍的粮草全数烧毁，活捉了淳于琼。消息传来，袁绍所部军心动摇，纷纷溃散投降，袁绍只带几百骑逃回邺城。袁绍还师之后，怕田丰嘲笑，便杀死了田丰。

事后袁绍重整旗鼓，起兵仓亭，要雪官渡之恨，结果又被曹操打败，自此一病不起。次年，袁绍长子袁谭起兵攻打曹操，结果又一次大败。袁绍闻讯后，吐血不止，202年五月离开人世。

临死前，他传位给三子袁尚，这为以后的"二袁之争"埋下了祸根，也为曹操以后平定北方铺平了道路。

曹操

东汉 既会打仗又会写诗的精神领袖
超世之杰 鞭挞宇内

曹操像

烽火连年的三国时代,群英荟萃,人才辈出,涌现出许多令我们崇敬的英雄豪杰。沧海横流,方显英雄本色,曹操就是从乱世中走出的一位充满阳刚之气、既有英雄气概又有浪漫情怀的英雄人物。

曹操(155年—220年),字孟德,小名阿瞒、吉利,沛国谯县(今安徽亳州)人,东汉末年杰出的政治家、军事家、文学家、诗人。曹操出身于一个显赫的宦官家庭,祖父曹腾,是东汉末年宦官集团中的一员,父亲曹嵩,是曹腾的养子,官至太尉。

超世之杰

曹操二十岁那年,被乡里荐举为孝廉,很快又出任京都洛阳北部尉,负责洛阳北部地区的治安工作。这里是皇亲贵族的聚居之地,很难治理,曹操到任后,制作了十多根五色棒悬挂于大门之上,郑重声明:"有违禁者,不论贵贱,皆用乱棒打死。"一次,皇帝宠幸的宦官蹇硕的叔父犯禁夜行,曹操毫不留情,依法将其打死,使京都为非作歹的权贵们大为震惊,再也不敢公开违犯禁令了。

不久,曹操升任顿丘令,接着又被朝廷征入朝中为议郎,后因家人犯罪被免去官职。他由于

汉献帝

通晓古文学，后再次被征召回宫。

184年，黄巾起义爆发，曹操被拜为骑都尉，开始崭露头角。他与卢植等人大破黄巾军，斩首数万，从此开始了他的军事生涯。

189年，并州牧董卓进入洛阳，废少帝，立献帝，独揽大权。董卓为拉拢曹操，委任其为骁骑校尉。曹操不肯与他同流合污，改名换姓，逃出京师洛阳。曹操到陈留（今河南开封）后，散发家财，招募军队，加入了以渤海太守袁绍为盟主的讨伐董卓的联军。不久，诸军之间发生摩擦，相互火拼，联合军至此解散。

192年冬，曹操任兖州牧。他用武力镇压了青州百余万黄巾军，并择其精锐，改编成一支三十万人的队伍，号为"青州军"，拥有了雄厚的军事实力。从此，他以兖州为根据地，开始了争夺中原的征战。

清《铜雀台》年画

一统大志

196年，曹操把穷途末路的汉献帝迎到许县，置于自己的掌控之中，取得了"挟天子以令诸侯"的政治优势。在迁都许县的同时，曹操颁布了《置屯田令》，实行屯田。他率先在许县周围实行屯田，第一年仅许县的屯田就得谷百万石。

有了雄厚的物质基础后，曹操开始了统一北方的大业，当时能与曹操抗衡的诸侯众多，南有荆州刘表，北有河北袁绍，东有淮南袁术、徐州吕布，西有关中韩遂、马超。袁绍先后削平了吕布、袁术、张绣等割据势力，成为当时北方最强大的一股势力，地跨冀、青、幽、并四州，有精兵三十万，也是曹操统一北方最强大的敌人，双方的交战也不可避免。

199年，袁绍调集十万大军，准备南渡黄河，直捣许都，进占中原。曹操率军两万，迎击袁绍。曹操在完成了一系列作战部署后，主动后撤，避免过早和袁军交锋，驻守在许都的门户——官渡。

200年二月，袁绍命大将颜良等人进兵白马，自己率领主力部队，亲临黎阳（今河南浚县东北）前线，拉开了大战的序幕。袁绍大军来攻，许都震动，四月，曹操亲自率军北上解白马之围。他采用声东击西的战术，打得袁军措手不及，并斩杀了颜良、文丑两员大将。曹操初战得胜后，主动撒军，继续扼守官渡。

袁绍仗着兵多势众，连营而进，东西长达数

现存的金凤台遗址

历史名人篇

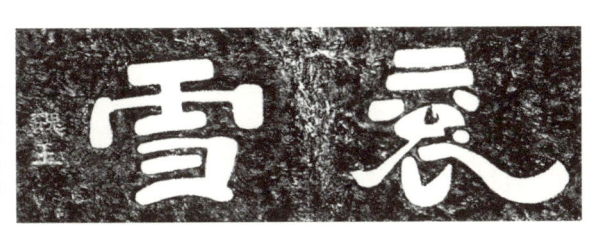

曹操书法拓片

　　十里，逐步向官渡推进。曹操坚守营垒，伺机而动，双方相持近两个月之久。正在僵持不下时，袁绍的谋士许攸因家眷犯法被罚，心生怨恨，投奔曹操，献计让曹操偷袭袁绍的粮库乌巢。曹操亲率五千精锐骑兵，夜袭乌巢，一把火把屯放于此的一万车军粮烧了个精光。袁军顿时大乱，曹军主力乘势出击，消灭袁军七八万人，袁绍和他的儿子袁谭仅率八百骑兵渡过黄河，向北逃窜。

　　202年，袁绍病死，袁绍的两个儿子袁谭、袁尚不和，发生火拼。曹操趁袁尚出兵攻打袁谭之机，派军围攻邺城。袁尚率军回救，依滏水（今滏阳河）为营，曹操将营寨团团包围。袁尚乘夜逃奔中山，袁军溃散，曹操大军攻占了邺城。206年，曹操举家迁往邺城。216年，汉天子册封曹操为魏王，定都邺城。当时汉献帝的政令皆出于曹操之手，因而邺城实际上成了中国北方的政治中心。

鞭挞宇内

　　建都邺城后，曹操有计划地对其进行扩建。丞相府、魏王府、魏公府、文昌殿等建筑鳞次栉比，蔚为壮观。210年冬，他在城西北角构筑了铜雀台，台高十丈，有屋一百二十间，台下有园，称铜雀园或西园。213年，曹操在铜雀台南面构筑了金虎台，又称金凤台。214年，曹操又在铜雀台北面修筑了冰井台，形成了壮丽的"邺城三台"景观。

曹操在这里大力恢复和发展农业：他在战国西门豹所修筑的漳水十二渠的基础上，修建了天井堰，为农业提供了便利的灌溉条件；他还把家乡的种稻技术引入邺城，使江南水乡景象再现北方。在这些措施的影响下，邺城成为当时全国最繁盛的都会之一。

曹操强调唯才是用，曾多次下诏求贤，才智之士荟萃邺城，盛极一时。尤其是在铜雀台上，建安才子在天气晴和之日、月朗风清之夜，饮酒听乐、吟诗诵赋，他们的作品形成了我国文学史上光辉灿烂的建安文学。曹操作为一名文学家，其著作、诗赋、散文等作品，多为居邺期间的作品。208年六月，曹操北征乌桓后回到邺城，时年五十四岁。他怀着建功立业的雄心壮志，于邺城西玄武池训练水军，准备渡江征战。七月，曹操率军南下，打算一鼓作气，把割据在南方的刘表、刘备、孙权等势力消灭掉，完成统一中国的大业，但在赤壁（今湖北嘉鱼东北）被孙权、刘备的联军打败。曹操退回北方，形成了我国历史上魏、蜀、吴三国鼎立的局面。

220年，曹操病死于洛阳，终年六十六岁，死后葬于邺城西边的西陵。

建安七子

东汉 孔融 王粲 刘桢 陈琳 阮瑀 徐幹 应玚

为中国文学奠基的人 汉魏风骨 永存史册

建安七子图

曹操统一北方后，广招贤才，一大批文人墨客聚会邺城。当时的诗文以风骨遒劲而著称，具有慷慨悲凉的阳刚之气，形成了俊爽刚健的独特风格，真实地反映了汉末的社会现实以及文人们的思想情操。因这一文人集团主要活动在汉献帝建安时期，所以他们的文学在文学史上被称为"建安文学"，其代表性人物除曹操、曹丕、曹植父子外，主要有孔融、王粲、刘桢、陈琳、阮瑀、徐幹、应场等，合称"建安七子"。他们与曹氏父子的文风相互呼应，共同铸就了建安文学的辉煌。

孔融恃才

孔融（153年—208年），字文举，鲁国（今山东曲阜）人，孔子二十世孙，是东汉末年一代名儒，继蔡邕为文章宗师，也擅长诗歌。他少时就因"孔融让梨"的故事成名，十岁时随父亲到达京城洛阳。孔融于汉灵帝时开始步入仕途，负责弹劾贪污官僚。董卓总揽朝政后，想废掉汉少帝，孔融与之激烈辩论，董卓怀恨在心，便将他派到黄巾军最为猖獗的北海国（东汉郡国名，治所在今山东昌乐东南）为相。孔融到北海后起兵讲武，讨伐黄巾军，政绩显著，时人又称他为"孔北海"。196年，袁谭攻占北海，孔融逃往东山，妻儿为袁谭所虏获。汉献帝建都许昌后，孔融升任少府，

孔融

后被封为太中大夫。孔融恃才傲物，多次在公开场合为难曹操，使曹操极为恼怒。208年，曹操以招合徒众、欲图不轨等罪名将其斩杀，株连全家，孔融时年五十五岁。

魏文帝曹丕曾悬赏征募孔融的文章，将他誉为"建安七子"之首。他的文章以议论为主，多针对时政直抒己见，锋芒毕露，个性鲜明。在艺

曹操大宴铜雀台

术上，文句整饬，辞采典雅富赡，引古论今，比喻精妙，气势充沛。

王粲爱驴

王粲（177年—217年），字仲宣，山阳高平（今山东邹城西南）人，东汉末年著名文学家，由于其文才出众，被称为"七子之冠冕"。王粲出身于东汉的上层官僚之家，曾祖王龚官至太尉，祖父王畅官至司空，都曾位列三公，父亲王谦是大将军何进的长史。献帝西迁时，王粲徙至长安。蔡邕是当时的文坛巨匠和领袖，家里常常宾客盈门。有一天，王粲去蔡府拜访。蔡邕听说王粲到来，慌忙出迎，匆忙之间连鞋都穿反了。王粲进屋后，宾客们见他只是一个十来岁的孩子，而且身材短

三曹雕像

小瘦弱，对蔡邕的态度感到非常不解。蔡邕说："他的才能在我之上。我家的书籍文章都送给他，才算物归其主。"从此，两人便成了忘年之交。王粲十七岁时，为躲避长安的战乱，前往荆州投奔了刘表，在荆州十余年，他无法充分施展自己的才能，写出了《七哀诗》《登楼赋》等怀念家乡的寂寞忧伤之作。208年，曹操打败了刘表，王粲也投奔到曹操幕府，被曹操委以重任，先是因劝刘琮归降有功，被授为丞相掾，赐爵关内侯，后又迁军谋祭酒。在短短的三五年时间里，他连升数级，成为"建安七子"中政治地位最高的人。王粲在受到赏识和重用的同时，还同曹丕、曹植建立了密切的关系，他们之间经常有诗赋往来。216年冬，王粲随曹操征讨孙吴，次年春，在返回邺城途中病逝，时年四十一岁。曹丕亲率众文士为其送葬。为了寄托对王粲的眷恋之情，曹丕对王粲的生前好友们说："王粲平日最爱听驴叫，让我们学一次驴叫，为他送行吧！"顿时，王粲的墓地上响起了一片嘹亮的驴叫之声。叫声响彻四野，并在文学史上留下了一段佳话。

王粲以诗赋见长，《初征赋》《登楼赋》《槐树赋》《七哀诗》等是其作品的精华，也是建安时代抒情小赋和诗的代表作。他前期的作品笼罩着一层悲凄愤悱的情调，而后期的作品基调则激奋昂扬，表达了作者从军征战、建功立业的激昂情绪。

夕照三曹园

建安七子

七子园建安七子之刘桢

历史名人篇

106

高洁刘桢

刘桢（？—217年），字公幹，东平宁阳（今山东宁阳北）人，后人将他与曹植并称"曹刘"，为"建安七子"中的佼佼者。刘桢父亲早逝，母亲是汉元帝时京兆尹王章之玄孙女，琴棋书画、诗词歌赋无所不通。刘桢从小就深受母亲的影响，勤学好问，五岁能读诗，八岁能诵《论语》《诗经》，赋文数万字，因记忆超群，而被众人称为神童。后受曹操征辟，曾任丞相掾属、平原侯庶子、五官将文学。刘桢不仅文才出众，而且机敏雄辩。有一次刘桢被罚做苦力，在京洛之西石料厂磨石料。曹操到石料厂察看，众官吏与苦力者均匍匐在地，不敢仰视。只有刘桢不下跪，照常劳作。曹操怒气冲冲地走到刘桢面前，刘桢放下锤子说："魏王常教导我们，做事当竭尽全力，事成则王自喜，事败则王亦辱，所以我不敢停下手中的活。"曹操听了转怒为喜。

刘桢于217年染疾而亡。其诗作流传很少，分为赠答诗和游乐诗两类。赠答诗中最著名的是《赠从弟》三首，分别用苹藻、松树、凤凰比喻坚贞高洁的性格，既是对从弟的赞美，也是诗人的自我写照。他的著述包括《毛诗义词》十卷，文集四卷。后人集有《刘公幹集》传世。

七子湖千佛塔

历史名人篇

陈琳骂曹

陈琳（？—217年）字孔璋，广陵射阳（今江苏宝应东北）人。生年无确考，在"建安七子"中为最年长者，与孔融相当。陈琳在汉末动乱的时世中曾三易其主。汉灵帝末年，陈琳任大将军何进主簿。何进为诛杀宦官召四方边将入京城洛阳，陈琳曾进行劝阻，但何进不听，终于事败被杀。董卓肆虐洛阳时，陈琳避难来到冀州，入袁绍幕府，袁绍的典章、文书多出自其手。官渡之

陈琳

三曹湖与建安文学馆全景图

战,袁绍大败,陈琳为曹军俘获。曹操爱其才华,委以司空军谋祭酒的重任,陈琳与阮瑀同管记室,后又徙为丞相门下督。217年,陈琳染疾而亡。

陈琳诗、文、赋皆能。诗歌代表作为《饮马长城窟行》,描写繁重的劳役给广大人民带来的苦难,是最早的文人拟作乐府诗作品之一。他的散文风格比较雄放,文气贯注,笔力强劲,最著名的是《为袁绍檄豫州文》,历数曹操的累累罪状,极富煽动力。辞赋代表作有《武军赋》,颂扬袁绍克灭公孙瓒的功业,写得颇为壮伟。《神武赋》

是赞美曹操北征乌桓时军容之盛的。据《隋书·经籍志》载陈琳著有文集十卷,已佚。明代张溥辑有《陈记室集》,收入《汉魏六朝百三家集》中。

七子湖阮瑀雕像

奇才阮瑀

阮瑀(约165年—212年),字元瑜,陈留尉氏(今属河南)人。年轻时曾拜同乡蔡邕为师,蔡邕称他为"奇才",因得名师指点,文采飞扬,闻名于世。曹操求贤若渴,召他做官,阮瑀不应。后曹操又多次派人召见,阮瑀逃进深山躲避不见。曹操仍不甘心,命人放火烧山,阮瑀被逼无奈,只好出山为曹操效力。在一次宴会上,曹操想杀一下他的傲气,把他安排在乐队之中,不想阮瑀精通音律,即兴抚弦而歌,曲调和谐美妙,一方面歌颂了曹操的伟业,另一方面也表达了自己愿为曹操效忠的意愿。曹操听后大为高兴,请他做司空军谋祭酒官。从此以后,阮瑀便成了曹氏集团重要的文职官员,军中檄文多出于他和陈琳之手。有一次阮瑀随军西征关中,曹操请他草拟一封致关西军阀韩遂的书信。他骑在马上沉吟片刻，挥笔而就，呈献曹操。曹操提笔想做些修改，看了半天，竟不能增减一字。

阮瑀的文章很出色，《为曹公作书与孙权》文气顺畅，收放自如。诗歌语言朴素，情真意切，名作《驾出北郭门行》，描写孤儿受后母虐待和遗弃的悲惨命运。《七哀诗》《怨诗》格调凄凉低沉，带有浓郁的悲剧色彩。阮瑀的音乐修养颇高，他的儿子阮籍位列"竹林七贤"之首。明人辑有《阮元瑜集》。

徐幹《中论》

徐幹（171年—218年），字伟长，北海郡（今山东潍坊西南）人。汉灵帝末，宦官专权，朝政腐败，徐幹闭门自守，潜心典籍，身处陋巷，过着极贫寒清苦的生活。建安初，曹操授他为司空军谋祭酒，又转五官将文学。数年后，徐幹因病辞职，曹操后又任命他为上艾长，他仍称疾不就。

徐幹擅长辞赋和五言诗。诗歌今存三篇五言诗。《室思》为拟思妇词，共六章，写丈夫远行后妻子忧愁郁结的情绪。他的辞赋名声颇高，今存作品不足十篇，且多有残缺。其中《齐都赋》规模宏大，气势夺人。徐幹的散文主要有《中论》一书，语言平实，条理贯通，是"建安七子"中

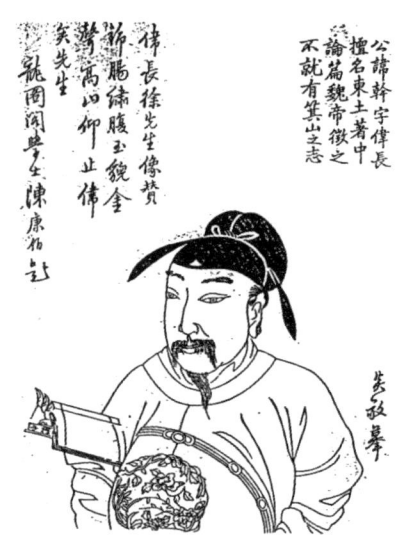

今存唯一的专著。明代杨德周辑、清代陈朝辅增《徐伟长集》六卷,收入《汇刻建安七子集》中。

应玚赋长

应玚(?—217年),字德琏,汝南南顿(今河南项城西)人。父亲应珣,官至司空掾。应玚初被魏王曹操任命为丞相掾属,后转为平原侯庶子。曹丕任五官中郎将时,任他为五官将文学。应玚擅长作赋,有文赋数十篇,他处于汉、魏战乱时期,对人民的灾难深感同情,在《灵河赋》《愍骥赋》和《撰征赋》等作品中都有较深刻的反映。他的诗歌也很有特点,代表诗作有《侍五官中郎将建章台集诗》,音调悲切。

慧可

南北朝 为中国禅宗奠基的第一人

高僧之德 气象大乘

二十九祖慧可大师

慧可画像

中央美术学院教授、博士毕建勋 《慧可立雪》

慧可（487年—593年），俗姓姬，名光，虎牢（今河南荥阳）人。在中国佛教史上，慧可大师被尊为东土禅宗二祖，他是天竺禅师菩提达摩的入室弟子，因初祖达摩为南印度人，因此，慧可大师实为中国禅宗第一人。

慧可立雪

慧可从小就接触儒学，通晓老庄易学，饱读经史。后来接触了佛典，精研三藏内典，并产生了出家的念头。父母见其志不可改移，便满足了他的愿望。于是他来到洛阳龙门香山寺，跟随宝静禅师出家学佛，不久又到永穆寺受戒，此后遍游各地讲堂，学习大小乘佛教的教义。三十二岁那年，他又回到香山寺，继续跟随宝静禅师深造，不知不觉已过去八年。有一天，他梦到一位神人站在跟前说："如果你想修得正果，就不要再滞留在这里了。大道离你不远，你就往南方去吧。"慧可知道这是护法神在点化他，于是将自己的名字改为神光。从此，四十岁的慧可辞别了宝静禅师，出门南行。

当时达摩祖师从天竺来到中国，已在少林寺面壁九年，潜心修行。慧可久闻大名，便前去拜达摩为师。但到了少林寺后，达摩常面壁端坐，并不理睬他。慧可并不气馁，朝夕服侍，每天从

少林寺内的立雪亭

早到晚,一直候在洞外,竭诚求师。

一年腊月初九的晚上,天气陡然变冷,寒风刺骨,下起了鹅毛大雪,积雪没过了膝盖,慧可依旧站在那里,一动也不动。到了第二天上午,达摩结束坐禅,睁开眼睛看到慧可仍在门外站着,慢慢地回过头来问道:"你久立雪中,有何事相求?"慧可回答说:"愿和尚慈悲,开甘露门,广度群品。"达摩说道:"修行是一个历经磨难的过程,须行常人所不能行,须忍常人所不能忍,否则是不会有结果的。"听了祖师的教诲和勉励,为表达自己求法的毅力和决心,慧可拿出锋利的刀子,将自己的左臂砍下,鲜血顿时染红了雪地。达摩被慧可的虔诚所感动,说道:"求法的人,不以身为身,不以命为命。而今你为了求法,也效法诸佛砍断自己的手臂,如此诚心,必定能成。"慧可说:"我心神不宁,请大师为我安心。"达摩说:"拿心来!我替你安。"慧可愣了一会儿说:"我的心根本就找不到。"达摩说:"若是这样的话,我已经替你安顿好了。"慧可听了,豁然开悟。

达摩祖师于是将神光的名字改为慧可,并把他收为入室弟子,同时将四卷本《楞伽经》授予慧可说:"我看中原人最宜读此经,若能依此而行,即能出离世间。"又对慧可说:"这四卷经书是如来心地要门,极谈法要,可以为世间众生开示

成安二祖塔

二祖寺旧照片

悟人。"慧可日夜苦读,融会贯通,并把经书翻译成汉文,经过多年苦学之后,掌握了禅学的精髓,继承了达摩祖师的衣钵,成为禅宗的二祖。现在少林寺的藏经阁后面,有一座小巧玲珑的建筑,此亭原名"达摩亭",为了纪念二祖慧可断臂求法而改名为"立雪亭"。

达摩圆寂后,慧可离开少林寺,渡过黄河,北上弘法。众多的僧俗怀着对慧可的敬仰,纷纷来投师求法。慧可剖析入微地阐述禅宗的要旨,于是独树一帜的达摩禅学便迅速而广泛地为世人所知。

气象大成

534年,慧可来到了东魏新都邺都(今河北临漳),大力传播达摩禅的新学说。当时邺都有一位拥有徒众千人的道恒禅师,正在大力传授旧禅学。

匡教寺

而慧可的讲授标新立异，吸引了不少信众，道恒便攻击慧可的言论是魔语，派遣高足弟子去和慧可辩论。没想到其弟子听了慧可的讲座，心悦诚服，反而不满道恒的旧说，当场拜慧可为师。道恒见差遣的人去而不返，又续遣第二人，如此再三，都有去无回。过了几天，道恒在路上遇见这些派出的弟子，便责问说："我费了许多功夫教导培养你们，犹如打开了你们的眼目，你们怎么敢做出这种背信弃义的事来？"弟子们答道："我们的眼目本来是正的，因为听了您的教导才变斜了。"道恒愤怒之极，更加痛恨慧可，不惜买通地方官加害他。慧可受到迫害，几乎被置于死地，只好离开邺都，流离于邺、卫（今河北临漳、河南安阳至汲县一带）之间，韬光养晦，不敢再大规模地传教。

虽然慧可身处逆境，可是向他求教的人仍络绎不绝。江南著名的三论宗学者慧布到北方游学时，曾慕名向慧可叩问禅法。还有一位向居士，是北齐著名的禅学学者，也曾修书与慧可通好，并咨询有关真如与宇宙万有之关系的问题，慧可以诗偈的形式做了回答。诗偈言简意赅，概括了丰富深奥的思想，后来禅宗盛行偈语，正是受到了慧可诗偈的影响。慧可说法，面向普通百姓，时常出入酒肆、屠门，或立街演讲。曾有人问二祖："师父，你是位出家人，出家人有出家人的

重修匡教寺碑

重修匡教寺創於□成邑西南一□朝千百年於茲矣□傳二祖神光□之所後經□□□□□有匡教寺□户間邑村庄均□□□□□□□嘉慶年間邑□公□□□布施等□□□難以□新□光緒十□□□年糧□□興矣由兹十三村□□□加修葺乃代年起工重加修葺□錢若干□□□□□□□□五年告□

戒律,你怎么可以出入这些不干不净的地方呢?"二祖强调心悟,他回答道:"我自己观察和调整自己的心,跟你有什么相干!"

大德昭世

574年,北周武帝进行灭佛运动,慧可与师弟昙林一起背负珍贵经卷,护送经像南逃。途中遭遇贼劫,昙林法师被斫去一臂,慧可亦负重伤,历经千辛万苦,终于辗转到达舒州司空山(今安徽岳西),居石洞修行,并为四众说法。周武帝灭佛停止后,他又回到邺都。

隋朝建立后,慧可于隋开皇十三年(593年),以一百零七岁的高龄,来到邺地成安县匡教寺讲经传法,为此特在寺前修筑了两丈多高的说法台。二祖富有魅力的演讲以精妙的大乘禅理深深地吸引了众人,每日听者云集。寺内有一位名叫辩和的法师曾在殿堂讲《涅槃经》,他的学徒听了慧可的讲座后,渐渐地离他而去,跟随慧可禅师学习。辩和恼羞成怒,于是到县令翟仲侃那里诬告慧可,说他妖言惑众。翟仲侃听信了辩和法师的谗言,便捏造罪名,将慧可迫害致死。据传,慧可尸体被投入漳河后,从水里漂出,盘腿打坐,双目微闭,安详如生,逆流而上十八里至芦村以北方停止不前,信徒们遂将慧可草葬于此。

一代高僧被诬陷致死,举国震惊。消息传到朝廷,隋文帝十分沉痛地说:"此真菩萨!"遂惩办凶手,为慧可平反昭雪,并追赐谥号"正宗普觉大师"。到唐太宗李世民时,他感念慧可大德,诏令大将尉迟敬德监工,于唐贞观十六年(642年),在芦村为二祖修寺建塔,寺名"二祖禅寺",明朝时改为"二祖元符寺",芦村也从此改名为二祖村。

高欢

南北朝 跨越两个朝代的一代枭雄

神武霸帝 奠基北齐

北朝墓中出土的风帽俑

北魏末年，元氏政权江河日下，各族民众的反抗和斗争风起云涌，国家的军政大权旁落到契胡酋长尔朱荣手里。当时高欢只是尔朱荣军中的一位普通军官，而动荡不息的历史变革，最终使他成为东魏王朝的建立者和北齐王朝的奠基人。

羽翼丰满

高欢（496年—547年），鲜卑名为贺六浑，渤海蓨（今河北景县）人，世居怀朔镇（今内蒙古包头东北，一说内蒙古固阳），成为鲜卑化的汉人。他爷爷高谧官至魏朝侍御史，因犯法被流放到怀朔镇，到他父亲高树生时，家世早已败落。高欢幼年丧母，家境贫寒，直到与鲜卑女子娄氏结婚后，才有了自己的马，参加了镇军，并担任镇军的队主，负责保卫边境和当地治安。后转任信使，往返于怀朔镇与北魏都城洛阳，负责投递公文和信函。

北魏末年，震动中国北部的六镇流民大起义爆发，声势浩大，席卷边城。高欢先后参加了破六韩拔陵、杜洛周、葛荣等领导的起义队伍。后来，他看到尔朱荣势力强大，便前去投奔，很快赢得尔朱荣的信任，被提拔为卫队长，并因镇压义军有功，升迁为晋州刺史。

530年，魏孝庄帝诱杀尔朱荣于洛阳，尔朱家族纷纷起兵反叛朝廷，尔朱荣的侄子尔朱兆举兵入洛阳杀掉孝庄帝。531年，高欢骗取尔朱兆的信任，被任命为六镇二十余万降兵的统军，拥有了自己指挥的军队。不久，他带队星夜出洛阳，进驻信都。当时，河北的大部分地区仍在尔朱氏的控制之下，他们手握重兵，占据重镇，拒绝向高欢提供粮食。只有当地的汉族大族高乾、封隆之等想借高欢势力控制河北。高欢一到滏口，高乾就与封隆之的儿子封子绘赶去迎接。后来，高欢又从滏口到达漳河畔的邺城，以邺城为基地壮大自己的势力，摆脱了尔朱兆的控制。尔朱兆见高欢羽翼丰满，出于安抚的目的，封他为渤海王。而此时的高欢已经不买尔朱兆的人情，他见六镇之众和河北世族拥戴自己，于当年六月讨伐尔朱兆，为了名正言顺，立渤海太守元朗为皇帝（北魏废帝）。

图谋霸业

高欢的发展严重威胁到了尔朱兆的生存，532年，尔朱氏四路大军共二十万人，分别从长安、晋阳、洛阳、东郡汇集邺城，准备和高欢决战。高欢派封隆之留守邺城，亲自率兵三万出战，以少胜多，重创尔朱军，乘胜攻占魏都洛阳，尽杀留守的尔朱氏党羽。接着，高欢废掉元朗，另立

高欢修建的北响堂石窟大佛洞

元修为皇帝，称北魏孝武帝，自封大丞相、天柱大将军、太师，成为北魏大权的实际掌控者。

控制了北魏王朝后，高欢趁尔朱兆喘息未定，亲率十万大军进攻尔朱兆。他从滏口进攻，迫使尔朱兆从晋阳后退保北秀容。高欢趁尔朱兆举行年宴时，派精兵进袭，将他打了个措手不及，致使尔朱兆兵败自杀，从而彻底铲除了尔朱氏势力。高欢在晋阳建立大丞相府，定居晋阳，遥控朝政。

时隔不久，孝武帝与高欢之间发生了不可调和的矛盾，孝武帝逃出洛阳，向西入关投奔宇文泰，高欢另立元善见为孝静帝。高欢认为洛阳西近西魏，南近梁国，便决定迁都邺城，史称东魏；宇文泰也拥立元宝炬为帝，史称西魏。北魏遂分为东魏和西魏。

东西魏分治后，战争连年，彼此抗争，柔然成为双方拉拢的重要势力。高欢之子娶柔然公主（又称茹茹公主），与柔然族结成了同盟。此后高欢曾五次兴兵西伐，企图吞并西魏，重新统一北方。

神武落幕

东魏建国的第三年（536年），高欢利用关中霜旱灾情严重之机向西魏发动进攻。他亲率二十万大军从蒲津（今山西永济）渡黄河出击，

北响堂石窟大佛洞上方佛龛内传说为高欢墓

磁县北朝墓群一号墓传说为高欢墓

另派窦泰统军赴潼关（今陕西潼关县境），高昂统军赴蓝田（今陕西蓝田）。宇文泰在小关（潼关之左）设下埋伏，窦泰猝不及防，高欢只得退兵。

537年，高欢再次出兵，带兵二十万自壶口出发，仍从蒲津渡河攻西魏，西魏军则进据沙苑（今陕西大荔南）迎击。西魏宇文泰采纳大将李弼的建议，向东推进十里，在芦苇中伏兵，等东魏军一到，鼓噪出击，东魏军大乱，损失八万多人。高欢本人亦险遭不测，最后逃到黄河边，抢船渡河才得以逃脱。

沙苑战后的第二年，高欢又做了一次进攻西魏的努力。高欢的大将侯景从西魏手中重新夺回洛阳金墉城（今河南洛阳东），宇文泰闻讯后率军驰援，侯景摆开战阵，北据河桥，南依邙山，与宇文泰大军交战。两军阵容强大，交战数十回合，难分胜负。战乱中高欢痛失汉族大将高敖曹，宇文泰烧营逃走，双方打了个平手。

543年，两魏第四次大战（邙山大战）揭开序幕。

北豫州刺史高仲密投降西魏，使东魏的战略要地虎牢关落入西魏之手。西魏宇文泰率军接应高仲密，军至洛阳，包围河桥南城。高欢也亲自率兵十万，自黄河北岸渡河，据邙山为阵。宇文泰夜登邙山，想突袭高欢。黎明时分，两军相交，高欢鸣鼓进击，斩敌首三万余。次日，宇文泰三军合击东魏军，高欢大败，步兵几乎全被俘虏，高欢的坐骑也被射死。

三年后，即546年，东西魏第五次大战——玉壁之战爆发。当年十月，年过五旬的高欢亲征西魏，率十万大军围攻汾河下游的重要据点玉壁（今山西稷山县），激战五十多天，损兵七万余人，高欢忧愤发病，一卧不起，只好无功而返。归途中为稳定军心，高欢不顾病重之身，在露天大营召集诸将宴饮，并令斛律金唱《敕勒歌》："敕勒川，阴山下。天似穹庐，笼盖四野。天苍苍，野茫茫，风吹草低见牛羊。"高欢亲自和唱，伤感流泪。

547年二月，高欢死于晋阳大丞相府，终年五十二岁，谥为神武皇帝。三年后，高欢的次子高洋废孝静帝，建立北齐王朝，传至后主高纬，竟为宇文泰子孙所灭。

高欢死后，一说葬于河北峰峰矿区北响堂山，一说葬于磁县大营村西的北齐皇陵区。

兰陵王

北齐 骁勇善战的悲情人物
赫赫威名 悲情一生

兰陵王像

兰陵王墓遗址大门

1894年的春天，时任直隶总督兼北洋大臣的李鸿章路经磁州，将高翻碑、高盛碑、高肃碑定名为"三高碑"。前两座碑后来运到磁县城内，唯高肃碑保留在墓园内。兰陵王高肃墓位于磁县城西南四千米刘庄村东、京广铁路西，墓冢南面的碑楼内，矗立着高肃墓碑。碑文真实记载了兰陵王高肃的生平经历和立碑年代，上面的字迹虽然剥落黯淡，但仍不失遒劲、古朴之风，被誉为北碑第一品。

高肃（？—573年），字长恭，又名孝瓘，是北齐神武帝高欢之孙，文襄帝高澄的第四个儿子（墓碑记载为第三子）。他虽然贵为皇族，但由于是父亲与宫中一个地位低下的奴婢所生，处境十分尴尬。他终日郁郁寡欢，忍受着别人鄙视的目光。不久，高肃的父亲高澄未登帝位先被刺杀，他的叔父高洋趁机废东魏孝静帝，登上帝位，建立了北齐王朝。高肃身为皇族成员，却智勇双全，武艺高强，成为北齐文武兼备的名将。因为高肃形象俊美，在战场上对阵时，经常受到敌手的轻蔑，所以他命人做了许多狰狞可怖的面具，每逢作战，便戴上面具冲锋陷阵，极大地震撼了敌人。因屡立战功，高肃于560年三月被封为徐州兰陵郡（今山东枣庄市东南）王，"兰陵王"的称号由此而来。

威名远扬

兰陵王征战无数,但使他一战成名的是历史上著名的"邙山大战"。

564年冬天,北齐重镇洛阳被北周十万大军围于邙山(今河南洛阳市郊),守城部队已经弹尽粮绝,形势岌岌可危。北齐武成帝万分焦急,急诏全国各地军队前去解围。北齐援军星夜兼程,赶到洛阳城外,三军将士竭力拼杀,突破了北周军队的第一道防线后,再也无力向前挺进了。眼看洛阳城就要被攻陷了,北齐面临着灭顶之灾。在这危急的关头,身为中军将的兰陵王,亲自率五百骑出击,跃马扬鞭,从重围中杀出一条血路。北周军见兰陵王英勇无敌,纷纷逃窜。北齐军杀到洛阳城下时,守军因被围日久,不敢贸然打开城门。兰陵王摘下面具,城上见是兰陵王,顿时欢声雷动,守军立刻冲出城门,与兰陵王的军队合兵一处杀向敌人,北周军大败,落荒而逃。邙山大捷使兰陵王名声大振,将士们创作了《兰陵王入阵曲》歌舞来赞颂他,武成帝加封他为尚书令。兰陵王等班师回朝,载歌载舞,举国同庆。

宽厚仁义

571年,兰陵王高肃与段韶率领北齐军与北周军战于柏谷(今河南灵宝西南),抵御北周宇文

高肃墓志

宪的攻击。段韶包围定阳城（今山西吉县）后，北周汾州刺史杨敷坚守城池，久攻不下。段韶在军中患病不起，兰陵王接替段韶统领全军，他亲自率军猛攻定阳，仍难以攻破。高肃观察了一下地形，见此地形势险要，三面重涧，唯有东南一处可以出走，于是埋伏下将士千余人。当夜，北周军果然从此处突围，兰陵王一声号令，北齐伏兵猛烈攻击，敌军全部被俘。不久高肃便被任命为大司马，第二年又担任太保，并因各项战功被封为巨鹿郡、长乐郡、乐平郡、高阳郡等郡公。

兰陵王不仅骁勇善战、屡建战功，而且为人和善，体恤士卒，得到甘美的食品，即使一瓜数果，也要与将士分享，同甘共苦。即使是对自己的政敌，他也能够做到宽厚以待。兰陵王在瀛州时，行参军阳士深告发他贪赃枉法，兰陵王因此被免官。等到兰陵王东山再起，阳士深刚好在军中，他害

建碑楼前的兰陵王碑

怕兰陵王会借机报复，成天提心吊胆。为此兰陵王好言安慰，可阳士深心中仍不踏实，非要请求惩罚。兰陵王只好找了一个小过错，打了阳士深二十板子，让他安下心来。武成皇帝高湛为奖赏他的功劳，曾赐给他二十名美女为妾，他只接受了一个。他将钱财看得很轻。临死之前，把价值千金的债券全部烧掉。

悲情终了

兰陵王高肃屡立战功，名高盖世。高湛死后，高纬继位为帝。一天他与兰陵王谈及邙山之捷时说道："你深入敌军重围，如果不小心发生意外怎么办？"高肃回答说："我觉得这是自己家里的事情，当时情况紧急，就不由自主地那样做了。"后主闻言，心想这是我的家事，你高肃凭什么说成是自己的？自此便开始猜忌拥有兵权的兰陵王想取代自己。兰陵王说错话后，深感大难将至，整日惶恐不安，故意有病不治。从此每遇战事便称病不出，以求借此避祸。一次，江淮寇扰，兵事告急，他害怕再次拜将，竟埋怨自己："我去年面肿，今何不发？"真是恨不得自己把自己的脸打肿冒充病人。

尽管兰陵王一再低调行事，但最终还是躲不过悲剧的命运。573年五月的一天，后主高纬派使者看望皇兄高肃，送来的礼物竟是一杯毒酒。兰陵王悲愤至极，遂将毒酒一饮而尽。兰陵王死后葬于邺城西北的北齐皇陵区，此后北齐再无堪当大任的将军。四年以后北周大军攻占邺城，北齐灭亡。

兰陵王遇害后，朝野上下愤愤不平，歌颂他的《兰陵王入阵曲》被广为传唱，经久不衰。此曲悲壮雄浑，古朴悠扬，被隋朝列为宫廷舞曲。到了隋朝末年，群雄并起，秦王李世民作战英勇，屡破敌阵，部下将士将《兰陵王入阵曲》改为《秦王破阵乐》，《兰陵王入阵曲》便逐渐失传了。但是随着中日文化交流的加深，这首歌舞曲竟被日本遣唐使带到了日本，每逢重大节日、皇室庆典，日本人都要举行隆重的仪式演奏它。现在日本古都奈良的春日大社和一年一度的古典舞乐表演举办时，《兰陵王入阵曲》都是其中的一个重要曲目。

日本友人在兰陵王墓前表演《兰陵王入阵曲》

1986年，邯郸市考古工作者到日本访问时，将失传一千三百年的《兰陵王入阵曲》及木制假面照片和舞音迎回故里。1992年九月，日本奈良大学雅乐代表团一行六十余人来到新修复的兰陵王墓前举行了隆重的演出，书写了中日文化交流史上新的篇章。

窦建德

隋 打败别人又被自己打败的"李自成"式的人物 成王败寇 一代枭雄

窦建德像

隋朝末年，统治者横征暴敛，挥霍无度，频繁的征战和繁重的劳役使人民不堪重负。为反抗这种残暴的统治，各地农民纷纷揭竿而起，打官府，杀豪绅，从而敲响了隋朝统治的丧钟。其中有一支转战在河北、山东的起义军劲旅，队伍的领袖便是窦建德。

窦建德（573年—621年），清河漳南（今河北故城东北）人，祖祖辈辈都是农民。他年轻时任侠好义，胆识超人，曾做过里长，为乡人所敬重。曾经有一户人家父亲去世，无钱埋葬，正在田里劳动的窦建德停下了手里的活儿，卸下家里仅有的一头牛，卖牛为人葬父。他的父亲去世后，乡里送葬者达千余人。

北方雄起

611年，窦建德的家乡发了洪水，他的朋友孙安祖家的房子被大水冲走，妻子丧命，可是县里征兵还是点到了孙安祖的头上。孙安祖找县令申诉，没想到县令把他一顿痛打，他一怒之下杀了县令，逃到窦建德家，窦建德把他藏了起来。追捕的官兵走后，窦建德对孙安祖说："如今百姓穷困潦倒，而官府又不安抚救济，此必致天下大乱啊！你不能只一味逃命，而应挺身干一番事业。"于是窦建德动员了几百人，由孙安祖率领着到高鸡泊（今河北故城西南）扯旗造反。河北、山东一带的农民纷纷响应。

官府得知窦建德曾参与策划起义，便杀害了他的家属。当时隋炀帝侵占高丽（朝鲜），窦建德作为二百人长正随大军进发，走到河间（今河北献县东南）时，听到家人惨遭毒手的消息，怒不可遏，遂率领被征的二百名士兵投奔了高鸡泊起义首领高士达，担任司兵、军司马。不久孙安祖死去，其下属都归附了窦建德，他的队伍日益壮大，从此高士达和窦建德共同成为高鸡泊起义军的首领。在起义军中，窦建德和士兵们以兄弟相称，同甘苦、均劳逸，每次打了胜仗，都把所得的财物分给大家。他还善于任用人才，从俘获的隋朝官吏中选出良才予以重用。高士达也非常信任窦建德，把指挥军队的权力全权授予他。

616年，隋朝涿郡（今河北涿州）通守郭绚率领万余人讨伐高士达。高士达与窦建德商议对策，窦建德认为敌人来势凶猛，只能智取，不能强攻。他请高士达守卫城邑，自己率领着七千精兵去应战。

窦建德先假称自己与高士达不和，向郭绚请降，待到骗得郭绚引兵过河后，出其不意，突然袭击，斩了郭绚，大获全胜。这一战使窦建德威名大振，其军队成为河北的一股重要军事力量。

古城墙

历史名人篇

广府古城

一代枭雄

隋炀帝加紧了对各地起义军的围剿，他派大将杨义臣进攻高鸡泊。窦建德分析了敌情后，对高士达说："杨义臣善于用兵，如今兵锋正锐，势不可当，不如暂且退避，待他求战不得，士卒疲惫时，再乘机进攻，方能取胜。"高士达不听劝告，亲自引兵迎敌，才打了个胜仗便置酒庆功。由于轻敌，高士达几天后就被杨义臣打得大败，自己也被斩于阵前。窦建德率百余骑逃亡，杨义臣以为高鸡泊起义兵已全军覆没，便撤兵而回。在危难之际，窦建德被推举为领袖，自称将军，决意东山再起。他收拾余部，掩埋了阵亡将士的尸体，并为高士达举行了隆重的葬礼。不久，起义军队伍又发展到十万余人。

617年春，窦建德在乐寿（今河北献县）建立了政权，自称长乐王，年号丁丑，建置官属，逐渐有了立国规模。隋炀帝闻讯后非常惊慌，命令大将薛世雄从涿郡引精兵三万南下，妄图消灭窦建德。窦建德在河间城南的七里井设下伏兵，撤走各地的军队，并散布说大军已逃退到外地。薛世雄信以为真，不设防备。窦建德摸清敌情后，趁敌人不备，率领精兵，冒着大雾，迅速袭击隋营，隋兵顿时乱作一团，自相践踏，全军溃败。窦建德乘胜进攻，很快攻下了河北大部分郡县。

广府古城

历史名人篇

618年，隋炀帝被杀，窦建德遂定国号为夏，建都乐寿，改元五凤。619年，窦建德以宇文化及弑杀隋炀帝大逆不道为由，兴兵征讨，在魏郡（今河北大名县）一仗击溃宇文化及的主力，又乘胜追击，在聊城将其彻底击溃，后在襄国（今河北邢台）生擒宇文化及，将其枭首示众。窦建德接着率兵南下，势如破竹，先后攻下了洺州（今河北邯郸市永年区）、卫州（今河南淇县）、滑州（今河南滑县），又回师北上，攻占了赵州（今河北赵县），其他三十县望风归附。当年十月，窦建德又率师回到洺州，修筑万春宫，将都城迁到了这里。定都后，他鼓励百姓从事农业，发展生产，并兴修水利，奠定了"境内无盗，商旅野宿"的安定局面。窦建德还严于律己，他和家眷每餐不过青菜小米，不食荤腥，穿戴不用绸缎绫罗。同时还提倡广开言路，共商大事，赢得了士兵们的拥护和百姓的爱戴。

斯人已去

但到后来，窦建德渐渐滋长了骄傲情绪，他听信谗言，杀死了良将王伏宝，又杀掉直言进谏的宋正本，从此无人再敢进言。621年，窦建德不听谋士凌敬的主张，起兵十万，去支援洛阳的王世允，接连打了几个胜仗后，窦建德更加骄纵。

唐将李世民利用他轻敌的弱点，占据虎牢城，挡住了窦建德的去路。凌敬再三劝窦建德放弃南进的策略，向西进入上党地区，但窦建德不肯听从，命人将凌敬架出营帐。李世民又将起义军引入埋伏圈内，追杀三十里。窦建德在战乱中被长枪刺中，逃到牛口谷，被唐军所擒，七月在长安被杀，时年四十九岁。窦建德自起军到被杀，共六年。不久，他的部将刘黑闼又起兵反唐，在河北再次燃起农民起义的烈火。

邯郸市永年区临洺关镇东三公里的洞头村，传说因窦建德曾在村南侧挖有行兵洞而得名。今发现洞穴保存完整，且洞下塑有窦建德神像，当地人至今仍有奉祀祭拜的习俗。近年，在广府城西街及原万春宫遗址处亦发现砖砌行兵洞，洞高约两米，宽约一点三米，长度幽深难测，走向不详。如能证明此行兵洞和洞头村行兵洞有关，则可印证民间关于窦建德运兵御唐兵的传说。

东距临洺关七里的方头固村，有大冢一座，是县境内封土最高的汉代墓，为省级文物保护单位，传说窦建德曾在冢上建点将台。后人称为夏王台。清代永年诗人姚遂有咏夏王台诗："禅林春乍暖，闲步上高台。柳嫩莺声细，苔鲜人径开。不须沽酒醉，惟许抱琴来。"

狄仁杰

唐 执法不阿的办案高手
辅国安邦 唐代名相

狄仁杰像

狄仁杰像

唐代杰出的政治家狄仁杰（630年—700年），字怀英，并州太原（今山西太原南郊）人。他出生于一个普通的官僚地主家庭，祖父狄孝绪，曾任贞观朝尚书左丞，父亲狄知逊曾任夔州长史。狄仁杰从小刻苦读书，经过科举走上仕途。

刚正廉明　执法不阿

狄仁杰在出任汴州判佐时，被人诬告，工部尚书阎立本受理此案，发现他是一个德才兼备的人物，推荐他做了并州都督府法曹。他大器晚成，四十七岁时被任命为大理丞。他刚正廉明，执法不阿，断案如神，在一年多的时间里，先后审理了积压的一万多宗案件，成为朝野闻名的大法官。不久，狄仁杰被唐高宗任命为侍御史，负责审讯案件，纠劾百官。任职期间，狄仁杰恪守职责，对一些谄媚逢迎、恃宠专权的政要进行了弹劾。后来，狄仁杰官迁度支郎中，唐高宗准备巡幸汾阳宫时，并州长史李冲征发数万人修建御道，狄仁杰下令停修，免除了并州数万人的劳役。

唐高宗去世后，武则天以太后的身份临朝称制。这时狄仁杰被任命为宁州（今甘肃省宁县）刺史。这里地处偏远，汉民与少数民族杂居，是一个民族问题比较复杂的地区。狄仁杰到任后，对各民族一视同仁，尊重少数民族习俗，妥善地处理了当地的民族矛盾，使境内居民和睦相处，

狄仁杰祠堂碑亭

人们争相称赞他的功德,亲切地称他为"狄使君",并为他树了德政碑。686年,皇帝派使臣郭翰到各州府巡视,检查各地官吏的执法为政情况。郭翰铁面无私,执法严厉,所到之处,必有按劾,各州的官吏都怕他三分。但他来到宁州,见这里的百姓安居乐业,经济繁荣,对狄仁杰非常敬佩。他公开宣布,这里不是按劾的对象,随即离开了宁州。回朝后郭翰向武则天推荐了狄仁杰。不久,狄仁杰便调往京城任冬官侍郎和江南道巡抚使。

不为权谋　一身正气

688年,豫州刺史越王李贞起兵反对武则天临朝称制,武则天撤销了他的职务,由狄仁杰出任豫州刺史,同时派宰相张光辅率兵镇压。平息了叛乱后,有六七百人因受株连被投入监狱,被没收家产的多达五千人。狄仁杰上书武则天,提出要从宽处理,以德安民。武则天接受了他的建议,将他们流放到了丰州(今内蒙古河套西北部),当他们途径宁州时,面对狄仁杰的德政碑,放声痛哭,感激狄仁杰的救命之恩。

豫州的战事结束后,张光辅的将士以功高自居,在豫州城大肆掠夺财物,骚扰百姓,人民怨声载道。狄仁杰找到张光辅责问道:"你身为高官,不安民抚众,反而纵容部下到处敲诈,使豫

狄仁杰祠堂

州人前门打狼,却后门进虎。"张光辅身为当朝宰相,遭到州官的斥责,非常恼怒,说:"你这是蔑视元帅。"狄仁杰正气凛然:"你去听听,豫州城内的怨气已上达云天,我恨不能得到尚方宝剑,割下你的首级!"张光辅暴跳如雷,回朝后向武则天禀报狄仁杰出言不逊。武则天很敬佩狄仁杰的正义和骨气,但张光辅平叛有功,不好驳他的面子,只得暂时将狄仁杰贬为复州(今湖北沔阳)刺史。

　　公元691年九月,狄仁杰调到京都出任宰相。武承嗣是武则天的侄儿,由于深受武则天的宠信,便产生了想做太子的野心,狄仁杰成为他实现自己目的的障碍。为了搬掉绊脚石,他指使人诬告狄仁杰等人想谋反。武则天让来俊臣去审理此案,并吩咐他要弄明真相,但不准动刑。来俊臣与武承嗣相互勾结,对狄仁杰施加酷刑,并逼迫狄仁杰去告发别人,狄仁杰愤然说道:"干这种事,

狄仁杰祠堂碑拓片

天地不容。"说完一头撞在柱子上，血流满面。狄仁杰在狱中咬破手指，蘸着血，将自己的冤情写在一块帛上，然后塞到棉衣里，等狱卒来送饭时说道："天气热了，请将棉衣交给我家人，抽走里面的棉花。"他的家人从棉衣里发现了血书，便上告武则天，武则天才得知狄仁杰是被冤枉的，免除了他的死刑，并释放了与此案相关的人，将狄仁杰贬为彭泽县令。

忠诚护主　安民有方

696年，营州（今辽宁朝阳）一带的契丹族，因为不堪忍受边吏的虐待，起兵反抗武则天的统治，不久便攻陷了幽州（今辖北京、天津及河北部分地区）和冀州（今河北临漳），威逼魏州（今河北大名县）。此事惊动了朝廷，危难之际，武则天想起了狄仁杰，便下诏擢升他为魏州刺史。前任刺史独孤思庄害怕敌人来攻城，强迫百姓加修城墙和防御工事，耗费了大量的财力和民力。狄仁杰到任后，将所有的民工都放回农田，说："贼兵未到，何必苦役百姓。万一敌人来犯，我自有办法。"契丹兵听说狄仁杰镇守魏州，知他御敌有策，安民有方，不敢轻取，便引兵退走了，魏州避免了一次灾难。狄仁杰在魏州政绩显著，当地的人民为了表示自己的感激之情，修建了一

狄仁杰祠堂碑额

座狄公祠堂。后来他的儿子狄景晖也到魏州任职,因贪婪残暴,受到百姓的痛恨,狄仁杰的生祠也因此被毁,至今在河北大名县仍留有一块"大唐狄梁公祠堂之碑",此碑所在地被定为河北省重点文物保护单位。

战争平息后,狄仁杰再次出任宰相。这时武承嗣已加紧了争夺太子之位的活动,狄仁杰在武则天面前极力劝阻此事。一次,武则天对狄仁杰说:"我做了一个梦,梦见有只鹦鹉的两只翅膀全折断了。不知是什么意思?"狄仁杰说:"鹦鹉（武）是陛下的姓，两翅是你的两个儿子。你如果能起用他们，两只翅膀就能飞翔了。"武则天从此打消了立侄子武承嗣为太子的念头，将两个儿子从外地迎回京都，并立李显为太子。为了巩固李显的地位，狄仁杰把许多忠于唐皇室的人才推举到重要岗位上。

武则天非常尊敬狄仁杰，她不直呼其名，总是以"国老"相称，每临大事，都要征询狄仁杰的意见。狄仁杰去见她时，免除下拜之礼。狄仁杰常和武则天当面争论一些问题，武则天常屈从他的意见。

公元700年九月，狄仁杰因病去世，终年七十一岁。狄仁杰去世后，武则天非常悲痛，她流着眼泪说："朝堂空矣！"以后，每当朝中有难以决断的大事时，她便叹息说："为什么上天那么早就夺走了我的国老呢！"传说狄仁杰死后，葬于河北磁县狄丘村，村中一座高大的封土为狄仁杰墓。

李沆

北宋 一代柱石 两朝圣相

李太初像

李沆像

李沆（947年—1004年），北宋名相。字太初，宋洺州肥乡（今邯郸市肥乡区西大寺上乡北相公庄）人。李沆出身于官宦世家，曾祖父李丰曾任泰陵县令，祖父李滔曾任洺州团练判官，父亲李炳任舒州知府时，正值宋太祖征讨金陵，淮河沿海供应粮饷，舒州供应数量居首，因而李炳升任殿中侍御史，后死于任上。

履行职责　严明法纪

李沆博闻强记，三十三岁时考取进士。一次宰相主持官员们起草约束边将的诏书，宋太宗看到李沆的奏章，写得有理有据，言简意赅，文章锦绣，便将他召进朝廷担任翰林学士，后又让他主持吏部的选拔。993年李沆任河南知府时，黄河发大水，澶州（今河南濮阳）河岸决堤，洪水泛滥，百姓流离失所，李沆等人因此而被罢官，但不久又被起用，任礼部侍郎并掌管皇家的侍从，整理规范文书奏谏。太宗嘱咐太子要像尊敬老师一样尊敬李沆。

997年三月，宋太宗驾崩，太子赵恒即位，即宋真宗，任李沆为户部侍郎、参知政事。此时契丹军队侵犯边境，真宗北上亲征，命李沆留守京城，他把京城治理得井井有条。真宗出征还朝时，李沆在郊外盛摆酒宴，迎接皇上，真宗亲自为他

李沆像

赐酒,并升任李沆为门下侍郎。

有一回,李沆因为对一位官员的处罚意见不同,和另一位大臣有了分歧。这位官员在与西夏的战争中,未能及时将粮草运到,按军律该斩。李沆通过调查了解到,是有人故意延误发粮时间,嫁祸于他,建议赦免其罪过。另一位大臣却认为无论责任大小,都应该斩首,这样才能严明法纪,警戒他人。两人争得面红耳赤,只好把此事送交刑部去处理。这位大臣平时就对李沆不满,他认为李沆是故意和自己过不去,便派人四处散布:李沆和犯罪的官员有私交,所以徇私枉法,包庇坏人,并密报给宋真宗。宋真宗听了半信半疑,很想向李沆了解一下真实情况。一天下朝之后,宋真宗把李沆叫到偏殿,询问起对官员处罚的事。李沆说道:"此事我已奏报皇上,陛下还没有看过吗?"真宗不动声色地说:"我想当面听听你的意见。"李沆讲述完自己的意见后,宋真宗问道:"其他大臣都曾有过密奏,你为何从没有密奏呢?"李沆答道:"我身为朝廷大臣,所作所

宋真宗像

为皆光明正大，为何要密奏呢？凡是需要密奏的事情，都有不可告人的动机。我一向反对这种行为，怎么会学着去做呢？"李沆走后，宋真宗心想，像李沆这样光明正大、诚实正派的人，怎么会徇私枉法呢？从此，宋真宗更加信任李沆了。

一天晚上，宋真宗派使者拿着诏书去册立刘美人为贵妃。李沆认为刘氏品德不端，心怀叵测，阴险奸诈，不能立为贵妃，便当着使者的面用蜡烛将诏书烧为灰烬，然后对使者说："你转告皇上，我认为不妥。"真宗听后，就将此事搁置下来。驸马都尉石保吉请求担任使相（加宰相衔的节度使），宋真宗又征询李沆的意见，李沆说："赏赐或加封官员，都要有充分的理由。石保吉虽为内戚，但并没有功劳，如果封他为高官，恐怕会招来非议。"以后宋真宗又多次征求他的意见，李沆一直坚持己见，最终石保吉也没有得到提拔。

远见卓识　敢于直谏

1001年八月，党项人李继迁虽然向宋朝称臣进贡，但他兵强马壮，有谋取北方的意图，并经常劫掠边境，尤其是灵武（今宁夏灵武县）一带经常遭到侵扰，百姓日夜不宁。由于灵武是边塞要地，又是一座孤城，因此群臣之中有的主张放弃，有的主张固守。真宗犹豫不决，就问李沆。李沆说：

北宋都城

"李继迁不死，灵武就不会归朝廷所有，边民也不得安宁。不如让守城的将领率领军民弃城而归，回到内地，这样百姓就可以免遭侵扰了。"然而，由于群臣各执己见，真宗没有采纳他的建议，而是任命王超率兵六万援助灵武。次年三月，李继迁率军攻陷了灵武县。真宗得到报告后，为没有听从李沆的建议而后悔不迭。

1004年，宋朝西、北边境都发生了战争，宋真宗整日忙于处理战争事务，有时很晚才吃饭。大臣王旦感叹说："皇上为国事如此操劳，我们做臣子怎能坐享太平，无所作为呢？"李沆却对他说："现在强敌压境，外患重重，这对皇上能起到警戒作用。一旦天下安宁，朝廷也未必无事。恐怕皇上又会去做别的事情了。"王旦听后不以为然。于是，李沆每天搜集各地水旱灾害、盗贼叛乱等情况上报真宗。王旦却认为这些都是小事，不必麻烦皇上处理。李沆对王旦说："皇上还年轻，缺乏治理国家的经验，因此，必须让他知道治理国家的艰难。不然的话，他正值血气方刚、精力旺盛的年龄，一旦边境无事，就会无事生非，或大兴土木，或发动战争，或举行祭祀、封禅等，这些都是劳民伤财的事。我的年纪大了，看不到这些了，但这会成为你们以后参与管理朝政的忧患。"王旦听后将信将疑。

后来契丹与宋朝讲和，西夏也向宋朝进贡，

立于肥乡的李沆纪念碑

边境平安无事。于是,真宗便登临泰山封禅,到汾河祭祀,大肆营造宫殿等。王旦又亲眼看见王钦若、丁谓等人在朝廷内弄奸舞弊,胡作非为。他痛心不已,想起李沆的话,感叹李沆的先见之明,赞许地对人说:"李文靖(李沆的谥号)真是一位圣人啊!"由此,人们尊称李沆为"圣相"。

贵为宰相　生活简朴

寇准与李沆是同年进士,又同僚为官。李沆任宰相期间,寇准因与丁谓关系较近,多次向李沆推荐丁谓,但是李沆始终不肯任用他。寇准再三追问,李沆说:"像丁谓这种人,怎么能让他官居高位呢?"寇准说:"像丁谓这种人,你能始终都压制他吗?"李沆笑着说:"以后你后悔的时候,就会想起我的话。"后来寇准受到丁谓的迫害,远死瘴海之地,这时才被李沆的远见卓识所折服。

李沆贵为宰相,却生活简朴。他一直住在封丘门内的一所旧宅里,房屋狭小简陋,厅前仅容匹马转身。同僚亲友曾多次劝他另建相府,李沆笑着说:"住宅是要传给子孙的,此屋用作宰相府是小了一点,但我的子孙又不当宰相,将来如侥幸能做太祝、奉礼之类的小官,这座宅第已经够宽敞了。"由此留下了"仅容旋马"的美谈。有一次,厅堂前的花圃栏杆塌落了,李沆每天都要从花圃前经过,可一个多月过去了,李沆就像什么事没发生一样。夫人忍不住问他,李沆却说:"你怎么能让这样的琐事分散我的精力呢?栏杆坏了,既不影响走路,也不影响我考虑国家大事,有什么要紧的。"

1004年七月,李沆上朝时,突发急病。真宗忙派太医前往治疗,并不断地派使者询问病情。第二天,真宗又亲自到府中探视,赏赐给他白金五千两。在真宗返回宫中的路上,李沆去世,终年五十八岁。真宗听到后非常难过,赶紧摆驾回去,抚着李沆的遗体痛哭失声地说:"李沆身为大臣,忠良淳厚,始终如一,谁知道竟不能长寿!"说完悲痛不已。皇帝下诏,五天不上朝,以示哀悼,追赠李沆为太尉、中书令,谥号"文靖"。宋仁宗即位后,下诏让李沆的神位在宋真宗的太庙里供奉。

李沆作为北宋太宗、真宗两朝的名臣,有"圣相"之美誉。史赞其为相"光明正大",李贽在《藏书》中将其列为"忠诚大臣",王夫之称其为"宋一代柱石之臣"。他以清静无为治国,注重吏事,尤为注意戒除人主骄奢之心,这对于稳定宋初的内政外交、抑制奢侈、安定民心都起到了积极的作用。

李沆去世后,北宋文学家杨亿在《文靖李公墓志铭》中曾给予李沆高度的评价。

张国彦

明 为政清廉的好官
名高位重 两袖清风

丛台碑林内的张国彦夫人墓志

邯郸城内北门里曾经有一座家庙，高大气派，富丽堂皇，门联上写着：父子三进士，兵刑两尚书。横批为：太子太保。这是明朝万历年重臣张国彦的后人修建的家庙。从这副对联中就可以感受到张氏门庭的荣耀和家族的显赫，在邯郸城里是首屈一指的名门望族。

为政清廉　秉公执法

张国彦（1525年—1598年），字熙载，号弘轩，邯郸北门里人。祖父张滕早逝，祖母赵氏二十八岁时守寡，她毅然承担起奉养婆婆、抚养两个幼儿的重任。父亲张绣，三岁时丧父，由祖母杨氏及母亲赵氏抚养成人，为感念二位老人的养育之恩，张绣与妻子竭力尽孝，奉养母亲时药必先尝，衣不解带，连母亲的衣裙、厕具都亲自洗涤，使母亲安享晚年至八十多岁。张国彦任给事时，朝中官员将赵氏和张绣的孝行上报朝廷，受到皇帝的旌表，专门为其建造了牌坊。

张国彦幼年以孝闻名乡里。他天生聪明，勤奋用功，于1562年考中进士，初任山西省平阳府襄陵知县，因为政绩显著，升任兵科给事中，后调转为户科和礼科给事。在任期间，他规劝皇上要勤俭节约，多储备粮棉，婉言劝阻皇上购买珠宝等。当时朝中各方面的开支日趋膨胀，文武官员数量不断增加，张国彦对此深感忧虑，便奏报皇上说:"国初郡王、将军才四十九位,现在已增加到近三万人,每年支付的俸禄粮食达八百七十万石,是国初的数百倍。而目前供应京师的只有四百万石,还不足所需的一半。"以此提醒皇上减政增收。后因得罪当权者,被调出京城,出任山西左参政。之后,历任陕西按察,江西左布政。他为政清廉,秉公执法,赏罚严明,待人亲善宽厚。

为国解忧　体恤百姓

1581年,皇上召张国彦入京做顺天府尹,他借求雨之机,上书陈述京城百姓困苦。后调任副都御史。1583年四月,郧阳连降暴雨,汉江水暴涨,沿江住户房屋、货物被大水冲走。张国彦巡察后上奏朝廷:"恳求皇上赐恩,破格赈恤,救济黎民百姓,维护灾区的稳定。"万历皇帝批准了他的奏章。同年六月,张国彦再次为汉中府和金州(今陕西安康)的洪水灾害请求赈灾,万历皇帝再次准奏。张国彦不久又巡察顺天府,被擢为户部侍郎,主管国库和军需物资。他晋升为右都御史时,房山县民史锦用开矿之说迷惑皇上,他连续多次上书,竭力劝阻,皇上终于停止了开矿之举。水稻被引进到淮河以北后,他还与徐贞明、徐光启、左光斗、汪应蛟等有识之士共同倡导,在北方推

丛台碑林内的张国彦墓前碑

广水稻栽种。到明朝后期，直隶的一百多个县中有近一半的县已经种植水稻。

张国彦协理兵部尚书时，驿路毁坏严重，往来传递信件路途艰难，驿邮业极不景气。他奏请皇上设置背包军马，让京城附近派往守边的人回乡补充军队，使军事消息传递畅通，也为京城人民提供了便利。

1589年，他受命统帅蓟、辽、保定的军队，1590年晋升为兵部尚书。明代的辽东，西有蒙古，北有女真，南临大海有倭寇，这些都对明朝构成了严重威胁。特别是明成祖迁都北京以后，辽东成了京师臂膀，因而朝廷对辽东防守极严。这一年，努尔哈赤将屡犯明边的女真首领克五十的首级献送明朝。他还给万历皇帝写奏章，言称祖父和父亲参与了剿灭王杲、阿台的战斗，并殉国尽忠，自己现在率领三十二酋为大明保卫边境，请万历帝封赏"长东夷"。张国彦和辽东巡抚顾养谦等上书朝廷，认为努尔哈赤忠于朝廷，而且势力最强，有能力管理东夷，应批准其奏请。万历皇帝批准了他的请求，授其为都督佥事，使他成了合法的建州首领，凌驾于其他部落首领之上。1590年，女真族中南关首领死后，北关首领乘机发兵，引发了边境的战乱，时任蓟辽总督的张国彦和辽东巡抚顾养谦兴师声讨北关，击败了北关势力，并有意让南关与努尔哈赤结亲，以此壮大南关的声

张国彦夫妇墓志

明故资政大夫正治上卿太子少保刑部尚书赠太子太保弘轩张公暨配赠夫人尉氏合葬墓志铭

赐进士第朝列大夫国子监祭酒前左春坊左庶子兼翰林院侍读管理
本朝正史並
赐进士出身亚中大夫太僕寺卿前翰林院提督四夷館太常寺少卿史部文選司即中闢中門生南
赐进士出身亚中大夫太常伯前祭視常等加一大司空議葬出水衡錢若干遣中書舍人祝塘具以疾终正

...（以下碑文漫漶，略）

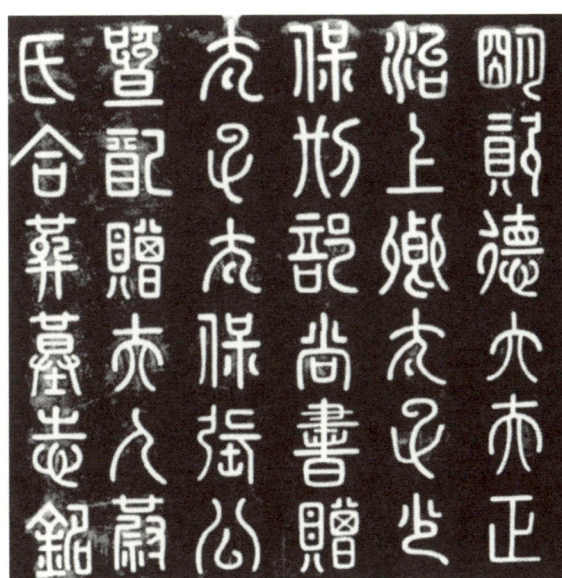

张国彦夫妇合葬墓志盖

势,压抑北关,使其不在边境作乱,维护了边关的安宁。

名高位重　泽被后人

不久,甘肃洮河发生兵变,蒙古第三代"顺义王"扯力克悍然侵边,首犯西宁,并连陷临洮、河州、渭源,攻克洮州,明军数位主将败死,西北震动。张国彦奉命前去平息战乱,立下汗马功劳,皇上加封其为太子少保,赐给有飞鱼图绣的官服,享国家一等俸禄。张国彦后来因为年老,申请退居,改任刑部尚书,到任不久便返回故里。他宽厚仁爱,周济乡亲,1598年十月初八日病逝故里,享年七十四岁。因他一生从政,功绩煊赫,皇帝追封太子太保，派遣朝中官员主持葬礼，将其葬于邯郸城西王郎村北莲花岗。

1644年，李自成起义军北进。东路军经过邯郸，打击明朝官吏豪绅，张氏家族首当其冲，大火烧毁了张国彦陵区树木及祭堂。1703年，康熙皇帝南巡回京路过邯郸，在张国彦曾孙监生张澍家休息，下旨重修张氏祖墓。张澍派人修复了祭堂，又在陵区种植了松柏，使墓园又恢复了生机。20世纪80年代修筑建设大街时，张氏祖墓被迁葬，移至张岩嵛村北岗地。现在丛台公园邯郸碑林内，保存着从张国彦墓地迁移至此处的诰封及兵部右侍郎赠封太子少保、刑部尚书赠封太子太保二通石碑。

张国彦名高位重，他的四个儿子也都受到朝廷的重用。长子张我继，任汤阴县令。次子张我绳，进士，历任武城以及大兴县令、户部曹官、宁镇兵备等大行宫礼堂职，擢升为宁镇总镇。三子张我续，十九岁中进士，官任礼部曹官、河南巡抚、川贵总督等职，最高职位做过户部尚书、太子太傅。四子张我繗，任南宁知府。

主　编

丁　伟

副主编

潘　璐　陈邢魁

编　委

李志刚　李亚萍　田　锋

范志国　刘秀君　李晓玲

本书部分图片作者的情况（姓名、通讯地址等）不详，请有关作者与本书的责任编辑联系，以便奉上稿酬与样书。

联系地址：河北教育出版社学术读物编辑室

（石家庄市联盟路705号）

邮政编码：050061

联系电话：0311-88643532